# Internationale Handelsklauseln

Wilfried Müller · Udo Steinmetz

# Internationale Handelsklauseln

Struktur und Einsatz am Beispiel der Incoterms® 2020

Wilfried Müller
LOCON-Consult GmbH & Co. KG
Dortmund, Deutschland

Udo Steinmetz
freier Journalist
Dortmund, Deutschland

ISBN 978-3-658-30212-2      ISBN 978-3-658-30213-9 (eBook)
https://doi.org/10.1007/978-3-658-30213-9

Die Deutsche Nationalbibliothek verzeichnet diese Publikation in der Deutschen Nationalbibliografie; detaillierte bibliografische Daten sind im Internet über http://dnb.d-nb.de abrufbar.

Springer Gabler
© Der/die Herausgeber bzw. der/die Autor(en), exklusiv lizenziert durch Springer Fachmedien Wiesbaden GmbH, ein Teil von Springer Nature 2020
Das Werk einschließlich aller seiner Teile ist urheberrechtlich geschützt. Jede Verwertung, die nicht ausdrücklich vom Urheberrechtsgesetz zugelassen ist, bedarf der vorherigen Zustimmung des Verlags. Das gilt insbesondere für Vervielfältigungen, Bearbeitungen, Übersetzungen, Mikroverfilmungen und die Einspeicherung und Verarbeitung in elektronischen Systemen.
Die Wiedergabe von allgemein beschreibenden Bezeichnungen, Marken, Unternehmensnamen etc. in diesem Werk bedeutet nicht, dass diese frei durch jedermann benutzt werden dürfen. Die Berechtigung zur Benutzung unterliegt, auch ohne gesonderten Hinweis hierzu, den Regeln des Markenrechts. Die Rechte des jeweiligen Zeicheninhabers sind zu beachten.
Der Verlag, die Autoren und die Herausgeber gehen davon aus, dass die Angaben und Informationen in diesem Werk zum Zeitpunkt der Veröffentlichung vollständig und korrekt sind. Weder der Verlag, noch die Autoren oder die Herausgeber übernehmen, ausdrücklich oder implizit, Gewähr für den Inhalt des Werkes, etwaige Fehler oder Äußerungen. Der Verlag bleibt im Hinblick auf geografische Zuordnungen und Gebietsbezeichnungen in veröffentlichten Karten und Institutionsadressen neutral.

Springer Gabler ist ein Imprint der eingetragenen Gesellschaft Springer Fachmedien Wiesbaden GmbH und ist ein Teil von Springer Nature.
Die Anschrift der Gesellschaft ist: Abraham-Lincoln-Str. 46, 65189 Wiesbaden, Germany

# Vorwort

Über die Bedeutung des Außenhandels in einer globalisierten Wirtschaft muss ja nicht noch großartig geredet werden. Über die Fallstricke und Schlaglöcher im internationalen Geschäft schon eher. Mitunter sorgen unterschiedliche Gepflogenheiten schon einmal für Strudel im Warenfluss und Missverständnisse darüber, wie vereinbarte Ware vom Verkäufer zum Käufer kommen soll, für Streit. Tatsächlich ist der Weg der Ware seit jeher einer der Knackpunkte im Handel, vor allem, wenn dieser Grenzen überschreitet. Immerhin birgt nicht der Kauf – von beispielsweise feinstem Porzellangeschirr – Gefahren für die Ware; erst beim Griff ins Regal, bei der Übergabe in die Hände des Käufers, dem Aufladen auf einen Lkw oder unterwegs werden aus Waren Scherben.

Nun heißt es ja, aus Schaden würde man klug. Ob das auch für Schäden im Außenhandel gilt, ist nicht klar. Immerhin gibt es eine ganze Reihe möglicher Schäden, die sich alle in einem Wort zusammenfassen lassen: Kosten. Wie im komplexen Geschehen des Außenhandels diese Kosten möglichst bei null bleiben, ist ein faszinierendes Thema, über das wir immer wieder hin und her diskutiert haben. Daraus entstand die Absicht, ein Buch zu schreiben und aus der Absicht wurde Ernst.

Ziel war nie, einen umfassenden Kommentar zu schreiben; der im Übrigen unausweichlich zum Kommentar der Incoterms® der International Chamber of Commerce werden müsste, schließlich dominieren die Incoterms® das Geschehen, von branchenbedingten Nischen und regionalen Eigenheiten abgesehen. Wir wollten ein Buch über Klauseln schreiben, das von Praxisfällen ausgeht, die möglichst gut als Vergleich für eine große Zahl von Konstellationen taugen. Einen roten Faden in die Wirklichkeit zu weben, der alles Mögliche streift, ist unmöglich. Aber wir glauben, dass wir einen Faden gesponnen haben, der vieles berührt, was sich in der Logistik des Außenhandels wiederfindet.

Darüber hinaus fanden wir es interessant, etwas zur Geschichte und Struktur des Handels und von Lieferklauseln mit Schwerpunkt auf den Incoterms® zu schreiben. Erfahrungsgemäß macht ein guter Hintergrund das Verständnis von eigentlich trockenen Materien und den Umgang mit ihnen leichter.

Soviel zu Absicht und Ziel. Damit dies auch so umgesetzt werden konnte, waren, wie so oft, einige wohlwollende Helfer am Werk. Zu allererst ist da Philine Kranich: Immer, wenn wir der Meinung waren, das ist es jetzt, die Formulierungen und Beispiele sitzen, kamen ihre Fragen und Bemerkungen unbestechlich, charmant und treffsicher. Das war gut so. Michael Grass: Er, der alles über Versicherungen weiß, kam uns zu Hilfe, als wir auf diesem Thema herumkauten und wenigstens dies genau wussten, dass es jetzt besser sei, jemanden zu fragen, der sich damit auskennt. Maximilian – Max – Sommer kennt sich mit Incoterms® bestens aus: Was wir uns mit Fragen und für uns hilfreicher Fachsimpelei zunutze machten. Max lief nie aus dem Raum, wenn ihn unsere Blicke trafen und er wusste, die nächste Zeit würde er kaum zu seiner eigentlichen Arbeit kommen. Seine Tipps und seine uneigennützige Hilfe haben viel zur Klarheit beigetragen. Süreyya Hasanoglu sorgte für die freundliche Atmosphäre, die wir brauchten, um uns wie kreative Schriftsteller zu fühlen.

Dortmund, Deutschland                                            Wilfried Müller
                                                                  Udo Steinmetz

# Inhaltsverzeichnis

1 Einleitung .................................................. 1
2 Ein Abstecher in die Vergangenheit ........................... 7
3 Der Begriff des Risikos im Handel ............................ 13
   3.1 Das Wann und Warum eines Schadens ....................... 13
   3.2 Wer zahlt wofür und wer tut was? – Risiko- und Kostenübergang ... 17
4 Klauseln im Handel und Außenhandel .......................... 19
   4.1 Einige wichtige Handelsklauseln ......................... 19
   4.2 Klauseln im Vertrag ..................................... 23
5 Die Incoterms® der ICC ...................................... 25
   5.1 Incoterms von der Geburt bis heute ...................... 26
   5.2 Die Incoterms® 2020 – Was ist neu? ...................... 29
   5.3 Incoterms® 2020 im Vertrag .............................. 30
   5.4 Pflicht und Nebenpflicht ................................ 32
6 Übersicht und Erläuterung der Klauseln ...................... 37
   6.1 Liste der Incoterms® 2020 (Tab. 6.1) .................... 39
   6.2 Die Abholklausel EXW (Ex Works) ......................... 39
   6.3 F- oder Übergabeklauseln ................................ 47
   6.4 C- oder Absendeklauseln ................................. 60
   6.5 Exkurs – Wozu die Versicherung nach CIF und CIP? ........ 68
   6.6 D- oder Ankunftsklauseln ................................ 72

| | | |
|---|---|---|
| 7 | Einige gebräuchliche Zahlungsarten im Außenhandel............ | 79 |
| 8 | Kalkulationsschema...................................... | 89 |

**Literatur**.................................................... 95

**Stichwortverzeichnis**........................................... 97

# Abbildungsverzeichnis

Abb. 6.1 Risiko- und Kostenübergang EXW. (Grafik: Udo Steinmetz) ..... 40
Abb. 6.2 Risiko- und Kostenübergang FCA Variante 1.
(Grafik: Udo Steinmetz) ................................. 47
Abb. 6.3 Risiko- und Kostenübergang FCA Variante 2.
(Grafik: Udo Steinmetz) ................................. 48
Abb. 6.4 Risiko- und Kostenübergang FAS. (Grafik: Udo Steinmetz) ...... 49
Abb. 6.5 Risiko- und Kostenübergang FOB. (Grafik: Udo Steinmetz) ...... 49
Abb. 6.6 Risiko- und Kostenübergang CFR. (Grafik: Udo Steinmetz) ...... 60
Abb. 6.7 Kosten- und Gefahrübergang CIF. (Grafik: Udo Steinmetz) ...... 61
Abb. 6.8 Risiko- und Kostenübergang CPT. (Grafik: Udo Steinmetz) ...... 61
Abb. 6.9 Risiko- und Kostenübergang CIP. (Grafik: Udo Steinmetz) ....... 62
Abb. 6.10 Risiko- und Kostenübergang DAP. (Grafik: Udo Steinmetz) ...... 73
Abb. 6.11 Risiko- und Kostenübergang DPU. (Grafik: Udo Steinmetz) ...... 73
Abb. 6.12 Risiko- und Kostenübergang DDP. (Grafik: Udo Steinmetz) ...... 74

Abb. 7.1 Cash on Delivery. (Grafik: Udo Steinmetz) ................... 81
Abb. 7.2 Clean Payment. (Grafik: Udo Steinmetz) ..................... 82
Abb. 7.3 Cash before Delivery. (Grafik: Udo Steinmetz) ................ 82
Abb. 7.4 Payment on Account. (Grafik: Udo Steinmetz) ................ 83
Abb. 7.5 Payment Guarantee. (Grafik: Udo Steinmetz) ................. 83
Abb. 7.6 Cash against Documents. (Grafik: Udo Steinmetz) ............. 85
Abb. 7.7 Documents against Acceptance. (Grafik: Udo Steinmetz) ........ 86
Abb. 7.8 Akkreditiv. (Grafik: Udo Steinmetz) ......................... 87

# Tabellenverzeichnis

| | | |
|---|---|---|
| Tab. 6.1 | Incoterms® 2020 mit Klauseln und Ort | 39 |
| Tab. 7.1 | Zahlungsrisiken aus Verkäufersicht | 88 |
| Tab. 8.1 | Schrittweise Zunahme der Kosten des Transports aus Sicht des Verkäufers | 90 |
| Tab. 8.2 | Kostenverteilung aus Sicht des Käufers | 91 |
| Tab. 8.3 | Beispiel-Kalkulation | 92 |

# Einleitung 1

Handel ist der Austausch von Waren. Sicher – aber damit es dazu kommt, müssen sich Verkäufer und Käufer erst einmal verständigen. Wer liefert was, in welcher Menge, wer bezahlt den Transport, was passiert, wenn die Ware auf dem Weg zum Käufer kaputt oder verloren geht? Über all dies werden in Verträgen Vereinbarungen getroffen, damit alles klar und deutlich verbrieft ist. Und dann fangen die Probleme an.

Es gäbe kaum Schiedsgerichte und viel weniger Anwälte, wenn die Begriffe und Formulierungen in Verträgen eindeutig wie mathematische Gleichungen wären. Ein Umstand, auf den die Internationale Handelskammer – der International Chamber of Commerce (ICC)[1] – in den 1930er-Jahren mit den Incoterms®[2] (International Commercial Terms) reagierte: Es sind Klauseln, die regeln, welche Rechte und Pflichten für Verkäufer und Käufer auf dem Transportweg einer Ware gelten. Damit ist unter anderem auch der Gefahr- und Kostenübergang auf dem Weg der Ware von A nach B klar geregelt, wer also zahlt, wenn Ware auf dem Transport Schaden nimmt. Seit der

---

[1] https://iccwbo.org/.
[2] „Incoterms®" ist eine eingetragene Marke der Internationalen Handelskammer (ICC). Incoterms®2020 ist einschließlich aller seiner Teile urheberrechtlich geschützt. Die ICC ist Inhaberin der Urheberrechte an den Incoterms®2020. Bei den vorliegenden Ausführungen handelt es sich um inhaltliche Interpretationen zu den von der ICC herausgegebenen Lieferbedingungen durch die Autoren. Diese sind für den Inhalt, Formulierungen und Grafiken in dieser Veröffentlichung verantwortlich. Für die Nutzung der Incoterms® in einem Vertrag empfiehlt sich die Bezugnahme auf den Originaltext des Regelwerks. Dieser kann über ICC Germany unter www.iccgermany.de und www.incoterms2020.de bezogen werden.

© Der/die Herausgeber bzw. der/die Autor(en), exklusiv lizenziert durch
Springer Fachmedien Wiesbaden GmbH, ein Teil von Springer Nature 2020
W. Müller, U. Steinmetz, *Internationale Handelsklauseln*,
https://doi.org/10.1007/978-3-658-30213-9_1

ersten Auflage der Incoterms® 1936 wurden die Klauseln immer neuen Gegebenheiten angepasst; die letzte Revision der Incoterms® wurde im Herbst 2019 als Incoterms® 2020 veröffentlicht. Der praktische Wert dieser Klauseln liegt, kurz gesagt, in der Eindeutigkeit der Formulierungen. Wenn sich Vertragspartner dieser Formulierungen bedienen, tendieren Spielräume bei der Auslegung gegen Null.

**Beispiel**

*Der Einkäufer der Schmitz&Müller GmbH schaute mit großen Augen auf die Rechnung: Die Miller&Smith Ltd. aus dem mittleren Westen der USA hatte den Transport zu dem Hafen an der Ostküste, wo die Ware zum Weitertransport auf ein Schiff verladen wurde, auf die Rechnung gesetzt. Dabei war aber doch vereinbart, dass sie frachtfrei bis an Bord – free on board – geliefert würde. Unser Einkäufer hatte nur mit den Transportkosten für die Seefracht und für die weitere Lieferung an seine Firma gerechnet. „Free on board" kann in den USA aber auch „on board" eines Lkw bedeuten.*

Handelsklauseln, wie die von der Internationalen Handelskammer ICC herausgegebenen Incoterms®, vermeiden Begriffsunschärfen dieser und anderer Art. Die aktuelle Version der ICC enthält elf Klauseln, die den Transport und das Risiko beim Handel mit physischen Waren betreffen. So gesehen, beziehen sie sich auf alles, was sich wiegen und bewegen lässt – Erdgas in der Pipeline, Stückgut, Industrieanlagen, Goldbarren oder theoretisch Diamanten im Handgepäck. Die Klauseln verteilen die Aufgaben bis zu dem Ort, an den ein Transportgut vom Verkäufer gebracht wird und wo es in die Obhut des Käufers übergeht. Entsprechend sind die Obliegenheiten von Verkäufer und Käufer verteilt: Bis wohin der Verkäufer für den Transport bezahlt und für die Sicherheit der Ware haftet. Und dann, ab wann die Transportkosten auf den Käufer zukommen und er Sorge trägt, dass die Ware unversehrt ankommt. Eine weitere Pflicht der beiden beinhaltet die Frage, wer für welche entsprechenden Zoll- und Lieferpapiere geradesteht. Die Klauseln markieren die Verteilung der Aufgaben und der damit zusammenhängenden Pflichten gewissermaßen wie auf einem Schieberegler. Es beginnt mit der Klausel EXW, benannter Ort, Incoterms® 2020 – ab Werk – nach der der Verkäufer nur dafür zu sorgen hat, dass sein Geschäftspartner eine für den Transportweg geeignet verpackte Ware abholen kann und dieser alle Kosten und Risiken trägt. Das Ende des Schiebereglers markiert die Klausel DDP – die sinngemäß dem deutschen „frei Haus" entspricht – bei der der Verkäufer seine Ware bis zum Kunden bringt und die Kosten einschließlich Zoll und Steuern trägt. Dazu sei gleich angemerkt, dass gerade diese einfach klingenden Klauseln reichlich Gelegenheiten für teures Ungeschick und Fehler bieten, genauso natürlich wie für deren klugen Einsatz. Im

# 1 Einleitung

Handelsalltag findet es häufig statt, dass in einem Unternehmen Klauseln zum Zuge kommen, deren Gebrauch den Verkäufern oder Einkäufern seit langem geläufig ist. Die aber bei näherem Hinsehen ein Geschäft unterhalb des Optimums platzieren, das die Verwendung anderer Klauseln für den Transportweg mit seinen physischen und formalen Eigenheiten erreichen würde.

> **Beispiel**
>
> *Ein beliebtes Beispiel ist hier die gerade erwähnte Klausel DDP, benannter Ort, Incoterms® 2020 – „Delivered Duty Paid":*
> *Für den Käufer wirkt die Klausel DDP wunderbar, da er sich ja um nichts zu kümmern hat, außer das ankommende Beförderungsmittel, z. B. einen Lkw, zu entladen.*
> *Er hat also nicht einmal die Zölle und Steuern zu tragen. Der chinesische Verkäufer muss also auch Steuern und Zölle in Deutschland zahlen. Geht das überhaupt und welche Konsequenzen werden damit ausgelöst? Warum ist die Klausel also so trügerisch?*
> *Hat der chinesische Verkäufer keine EU-Zollnummer, wird zwar auf ihn eine Verzollung mit Steuern und Zölle durchgeführt – er hat ja Zölle und Steuern in seinen angebotenen DDP-Preis inkludiert. Also alles palletti?*
> *Leider kann der chinesische Verkäufer die Einfuhrumsatzsteuer in Höhe von 19 % nicht mit seiner Umsatzsteuer verrechnen, also ist die Ware schon mal 19 % teurer als nötig. Des Weiteren geht es in vielen Ländern der Welt aus staatlicher Vorschrift überhaupt nicht, aus Sicht und zu Lasten des Verkäufers zu verzollen. Das sind nur wenige der vielen Fallstricke bei nur einer Klausel – DDP – die auf den ersten Blick goldener scheint, als sie ist.*

Eine andere Möglichkeit wäre: Der Verkäufer beauftragt nicht den Käufer, sondern einen Logistikdienstleister in indirekter Vollmacht, Zoll und Steuern zu regeln. Die Kosten für den Spediteur und die Steuern ließen sich ja einfach im Verkaufspreis unterbringen. Dies hätte das ganz famose Ergebnis, dass der Preis klettert, ohne dass irgendjemand einen Gewinn hat; außer der Spediteur, der immerhin einen Auftrag abrechnen kann. Für den Spediteur ist diese Konstellation zudem recht riskant, da er als Zollschuldner herangezogen werden kann.

Eine elegante Lösung wäre: Der Verkäufer und der Käufer einigen sich im Vertrag, dass der Käufer die Einfuhrumsatzsteuer zahlt. Nur, wozu wurde dann die Klausel DDP vereinbart, wenn sie von vornherein zurechtgebogen wird? Zumal es dann weitere zoll- und steuerrechtliche Probleme geben kann. Eine noch elegantere Lösung wäre bei den Beispielen – wie auch bei zahlreichen anderen Konstellationen – die Verwendung der Incoterms® 2020-Klausel DAP. Sie beinhaltet nämlich die Übernahme der Einfuhrkosten durch den Käufer, aber verpflichtet den Verkäufer ähnlich wie die Klausel DDP, die Ware auf seine Kosten und Risiken zu einem vereinbarten Ort zur Entladung durch den Käufer zu bringen.

Das Beispiel zeigt, dass Klauseln wie Schuhe sind; sie passen nicht auf alle Füße. Es fügen sich zu viele Konstellationen zusammen, die neben zoll- und steuerrechtlichen Bedingungen auch von der Art der Ware, der Wahl der Transportmittel oder von der Macht der Fakten abhängen. So kann es ja eine Tatsache sein, dass der Käufer sehr viel besser Transporte konsolidieren und günstig abwickeln könnte, als der Verkäufer. Eine „frei-Haus-Klausel" stellt wirtschaftlich gesehen dann nur die bestenfalls zweitbeste Vereinbarung dar.

Tatsächlich ist der große Vorteil der Handelsklauseln, ihre Begriffsschärfe, auch der Grund, weshalb sie mit einem gewissen Maß an Raffinesse angewandt werden wollen. Es gibt nicht die richtige Klausel, sondern die unter gegebenen Umständen geschickter gewählte; was sich an so vielem entscheiden kann, nicht zuletzt an Aspekten der Unternehmenspolitik oder der Kundenbindung.

Die Idee dieses Buchs ist, den Kern von Handelsklauseln sichtbar zu machen und für ihren passenden Gebrauch im Handel und insbesondere im Außenhandel handhabbar zu machen. Darunter fällt, insbesondere die Incoterms® 2020 soweit transparent zu machen, dass ihr Gebrauch je nach Anlässen und logistischen Konstellationen plausibel ist. Das klingt sicher sehr ambitioniert. Aber wenn, wie wir das vorhaben, die Klauseln vor dem Hintergrund der Praxis moderner Logistik ausgeleuchtet werden, lassen sich viele Anwendungen recht einleuchtend durchspielen. Insbesondere wird sicher der ein und andere Tipp daraus zu ziehen sein, wie ein Geschäft in eine günstigere oder risikofreiere Gestalt gebracht werden kann. Wir werden die Struktur der Incoterms® auseinanderfalten und sie ins Verhältnis zu Gepflogenheiten von Außenhandel und Logistik setzen.

Kap. 2 widmet sich recht allgemein den Eigentümlichkeiten von Handelsklauseln im täglichen Handelsleben. Zum Einstieg geht es los mit Begriffsbestimmungen. Das wird nicht zu ausführlich geschehen; es soll bloß die Perspektive klären, die dieses Buch einnimmt.

Etwas ausführlicher geht das Buch auf die Geschichte von Handelsklauseln ein. Das ist einigermaßen unterhaltsam und bestens geeignet, die Struktur von Handelsklausel oder ihr Grundgerüst deutlich zu machen.

Von da aus wird in Kap. 3 der Begriff des Risikos ausgeleuchtet, soweit er als eine Art Handlauf für Verständnis und Gebrauch von Handelsklauseln, wie den Incoterms®, dienen kann.

In Kap. 4 widmet sich das Buch abrissartig verschiedenen Handelsklauseln. Abrissartig, denn im Großen und Ganzen haben sich die Incoterms® weltweit durch-

# 1 Einleitung

gesetzt. Es gibt noch konkurrierende national gebräuchliche Klauseln und es gibt branchenspezifische Klauseln. Aber wer ein Buch über Handelsklauseln schreibt, schreibt eigentlich über Incoterms®.

Die sind ab Kap. 5 direkt Thema. Es kreist um die Geschichte der Incoterms® und ihre Systematik.

In Kap. 6 – ungeduldige Leser können es auch zuerst aufschlagen – geht es dann Klausel für Klausel vorwärts. Die einzelnen Klauseln werden vorgestellt. Es geht um Risiko- und Kostenübergang und vor allem um die Pflichtenverteilung für Verkäufer und Käufer.

Kap. 7 stellt die Handelsklausel in Zusammenhang mit gebräuchlichen Zahlungsarten im Außenhandel. Immerhin geht es die ganze Zeit um Handel und damit auch um Bezahlen. Das Kapitel zeigt, wie verschiedene Klauseln und Zahlungsarten zusammenpassen.

Den Abschluss in Kap. 8 bildet ein Kalkulationsschema als Beispiel für die Kosten, die durch die Verwendung einer Klausel entstehen.

Das Buch ist so angelegt, dass die Schilderung der Incoterms® auch für sich gelesen werden kann und dort wieder Klausel für Klausel. Um aber Wiederholungen nicht ausufern zu lassen, sind Bestimmungen zu einzelnen Klauseln zusammengefasst bzw. wird auf vorangegangene Klauseln verwiesen. Leser, die nicht chronologisch vorgehen, müssen hier und da einige Seiten zurückblättern. Wir haben es getestet: Das klappt recht gut, die Lektüre lohnt sich sowieso

Eine Lektüre, die sich ebenfalls lohnt und unbedingt zu empfehlen ist, ist in Bezug auf die Incoterms® 2020, das offizielle Regelwerk der ICC.[3] Dies ist die maßgebliche Quelle schlechthin. Das heißt, maßgeblich ist die englische Version des Regelwerks. Wer mit Außenhandel zu tun hat, kommt um die aktuelle Ausgabe der Incoterms® 2020 der ICC nicht herum.

---

[3] https://www.incoterms2020.de/.

# Ein Abstecher in die Vergangenheit 2

Wer die Geschichte kennt, weiß sich in der Gegenwart zu orientieren. Das Kapitel erläutert die Gegenwart der Handelsklauseln mit ihrer Vergangenheit. Wesentliche Strukturmomente wurden bereits im Handel der Antike und des Mittelalters angelegt, wie Risiko- und Kostenübergänge beim Warentransport. Davon einen Begriff zu haben, vertieft das Verständnis

Handelsklauseln wie die Incoterms® wurzeln tief in der Geschichte des Handels, genauer des internationalen Handels, was im wesentlichen Seehandel bedeutete. Nicht von ungefähr lag der Schwerpunkt der ersten Incoterms® im Jahr 1936 auf dem Handel von Hafen zu Hafen. Bereits in der Antike bildeten sich unter den seefahrenden Phöniziern und Griechen Rechtssätze aus, die als Gewohnheitsrecht ein erstes Recht der See im Mittelmeer bildeten. Im frühen Mittelalter, zwischen 600 und 800 n. Chr., entstand eine Sammlung von Rechtssätzen, die als Lex Rhodia das erste niedergeschriebene Seerecht darstellten. Interessant dabei ist der Stellenwert, der dem seit langem allgemein anerkanntem Recht im Mittelmeerraum zugemessen wurde, das die seefahrenden Kaufleute entwickelten. So klagte einer Anekdote aus antiker Zeit zufolge der Kaufmann Eudaimonos aus Nicodemia dem römischen Kaiser Antoninus, er sei von Zollpächtern ausgeraubt worden, als ein Schiffbruch ihn und die Schiffsladung an die italienische Küste geworfen hatte. Der Kaiser antwortete, er sei Herrscher an Land. Der Herr über das Meer aber sei das Gesetz: Eudaimonos solle seinen Fall nach dem rhodischen Gesetz über nautische Angelegenheiten entscheiden lassen.[1]

So ist es auch kein Wunder, dass Grundsätze, wie die Freiheit der See heute anerkannter Bestandteil des maritimen Völkerrechts sind. Im Mittelalter entstand im 13. Jahrhundert mit den Rôles de Oléron eine weitere Sammlung niedergeschriebener maritimer Rechtssätze. Sie versammeln rhodisches Gesetz und Seehandelsrecht, das sich an Nordseehäfen im Gefolge des Handels mit Bordeaux-Wein herausgebildet hatte. Ihr Gegenstand war das Verhältnis von Reedern und Befrachtern zur Besatzung, der Besatzung untereinander sowie zwischen Besatzungen verschiedener Schiffe. Die Rôles de Oléron wurden in verschiedenen Versionen und Modifikationen, die Besonderheiten etwa niederländischen oder lübischen Rechts wiedergaben, im damaligen Raum des Seehandels verbreitet. Zweihundert Jahre später erschien das Gesetz von Visby, das nunmehr in gedruckter Form das damalige See- und Seehandelsrecht kodifizierte.

Viele heute gebräuchliche Klauseln setzen also auf dem Gebrauch bereits früher gängiger Konventionen auf und formulieren besonders im Seehandel zum Teil eine lang geübte Praxis aus. Im Seehandel, der im 19. Jahrhundert eine vergleichsweise atemlose Entwicklung erlebte, konnten umständliche Formulierungen in Verträgen und übliche Regularien mit Verweisen auf allgemein anerkannte Gepflogenheiten abgekürzt werden. Das verbürgt älteste dieser Kürzel ist die Klausel FOB[2] – „Free on Board" – die älteste bekannte Erwähnung stammt von 1812, in dem Verfahren Wackerbarth vs. Masson. Lord Ellenborough stellte klar, dass die Vereinbarung Free on Board bindend sei und nicht einer der Beteiligten einseitig die Lieferbedingung ändern könne. Mit der Vereinbarung „Free on Board" einigten sich die Parteien auf den Ort des Übergangs von Transportkosten und Gefahr einer Ware sowie die Verteilung von Aufgaben, wie der Beschaffung benötigter Dokumente oder dem Abschluss von Versicherungen. Bis zu dem Moment, an dem Säcke und Kisten über die Reling eines Schiffs gehoben werden, bleibt es die Sorge des Verkäufers, wie die Ware dorthin kommt und ob sie auf dem Weg dahin unbeschädigt bleibt. Ist sie glücklich verstaut, kann der Käufer weiter zusehen, wie sie zum Bestimmungsort kommt. Von alters her war der Käufer zumeist der Kapitän und damit auch derjenige, der die sichere Verstauung und Passage zum Zielhafen verantwortet.

---

[1] Herbert Wagner, Die lex Rhodia de iactu, http://local.droit.ulg.ac.be/sa/rida/file/1997/wagner.pdf.

[2] Von Lorenzon, Filippo; Sassoon, David M; Baatz, Yvonne; Skajaa; Lynne Nicoll, C.: C.I.F. and F.O.B. Contracts; London 2012, S. 311.

## 2 Ein Abstecher in die Vergangenheit

Ein kritisches Glied in dieser Transportkette ist die Verladung über die Reling an Bord des Schiffs. Wenn etwa Getreide transportiert werden sollte, so ließ sich dies verhältnismäßig einfach in Säcken und per Fuhrwerken zum Hafen bringen. Beim Verladen der Säcke auf das Schiff konnte dagegen so einiges schief gehen. Ein Sack aus spröde gewordenem Leinen kann reißen, sodass der Inhalt auf dem Pier und nicht an Bord landet, ein Seil des Krans, der gleich mehrere Säcke an Bord heben soll, kann reißen und die Ladung platscht ins Hafenwasser usw. Oder bei der Kontrolle vor Verladung auf das Schiff stellt sich heraus, dass der Weizen faul geworden ist. Hier klingt die Frage mit, wer trägt die Verantwortung bis wann und wer ab wann? Der Kapitän hat keine Möglichkeit, den Fuhrmann zu überwachen, etwa ob der nüchtern bleibt und sorgsam mit der vereinbarten Ware umgeht. Umgekehrt kann der Verkäufer nicht überwachen, ob das Gut an Bord ordentlich verstaut wird. Schließlich ist der Kapitän von der Reling an Herrscher seines Schiffes, also liegt unter seiner Obhut alles, was sich auf dem Schiff befindet.

Aus den Einflusssphären von Verkäufer und Käufer ergibt sich, wer was zu besorgen hat. Der Verkäufer muss auf jeden Fall die Ware besorgen oder herstellen; im Beispiel des Incoterms® 2020 FOB muss er den Transport der Ware zum Schiff organisieren, bis sie auf dem Schiff abgesetzt ist. Von da an besorgt der Käufer den weiteren Verlauf des Transports. Hier wird auch die Verteilung weiterer Pflichten für Verkäufer und Käufer sichtlich: Der Verkäufer macht die Ware für die Ausfuhr fertig. Er unterstützt den Käufer auch bei der Beschaffung und Unterzeichnung von Papieren, wie insbesondere einem Konnossement oder Bill of Lading – das ebenfalls auf eine lange Geschichte seit dem Mittelalter mit Ursprung im Mittelmeerhandel zurückschaut. Entstanden ist das Konnossement aus Ladungslisten, denen bereits im 12. Jahrhundert hohe Bedeutung zugemessen wurde.[3] Hinzu kamen Briefe, die zunächst dazu dienten, einen Handlungsbevollmächtigten anzuweisen, Waren einem Käufer auszuhändigen. Im Verlauf der Geschichte des Seehandels wurde daraus ein begebbares Papier, das dessen Inhaber als Eigentümer ausweist und berechtigt, die darin bezeichnete Ware zu handeln.

Die Gegebenheiten bestimmen auch denjenigen, der prüft, ob die Ware in vereinbartem Zustand übergeben wird. Das ist hier mit gutem Grund der Verkäufer: Angenommen es handelt sich wieder um Getreide, das aber auf See nass geworden ist. Der Abnehmer der Ware am Bestimmungsort beschwert sich lautstark beim

---
[3] Roland Alexander Henseler: Die Entwicklung des Konnossementrechts im internationalen Seefrachtrecht bis hin zum Arbeitsentwurf der „United Nations Commission on International Trade Law"; Bremen, Diplomarbeit Zur Erlangung des Grades eines Diplom-Wirtschaftsingenieurs für Seeverkehr (FH) an der Hochschule Bremen Fachbereich Nautik und Internationale Wirtschaft Studiengang Diplom-Wirtschaftsingenieur für Seeverkehr (FH) 2006.

Kapitän, wenn dieser verfaulte Ware anbringt. Dennoch verlangt der Verkäufer den Kaufpreis. Ganz klar, jetzt versuchen alle, den schwarzen Peter beim anderen unterzubringen. Der Verkäufer hatte gut daran getan, wenn er nun den Nachweis erbringen kann, dass das Getreide in gutem Zustand über die Reling des Schiffs gegangen ist. Danach hatte er keinerlei Möglichkeit mehr, für die Unversehrtheit seiner Ware zu sorgen. Abgesehen von der geeigneten Verpackung der Ware – statt guter Säcke hätte er auch morsche nehmen können und damit einen Schaden vorausgeschickt. Die ordnungsgemäße Verpackung zu veranlassen, liegt nicht in der Hand des Käufers. Wenn sein Handelspartner also am Verpackungsmaterial spart, soll er auch zahlen, wenn dies der Grund für einen Schaden ist.

Die Frage, wem welche Obliegenheiten aufliegen, wirft sogleich die Frage auf, wer zahlt, wenn etwas mit der Ware passiert, wie gerade in dem Beispiel mit dem Getreide? Anders betrachtet: Ab wann ist beispielsweise der Verkäufer frei von der Verantwortung für den Zustand seiner Ware? Kurz: Wer trägt das Risiko ab wann? Über den Begriff des Risikos ist viel diskutiert worden. Im Zusammenhang mit den Handelsklauseln nimmt er eine zentrale Bedeutung ein. Diese regeln ja nicht nur, wer was zu tun hat – bis wohin und ab wann Käufer und Verkäufer einen Transport organisieren, wer sich mit den Aus- oder Einfuhrpapieren plagen muss –, sondern natürlich auch mögliche Gefahrenübergänge.

Hier bietet sich noch eine Bemerkung an: Handelsklauseln waren seit alters her im Grunde genommen Außenhandelsklauseln. Ging eine Schiffsladung von Venedig aus auf See, so verließ sie auch den Rechtsraum der Republik Venedig. Um zum Beispiel im Rechtsraum des Königreichs Neapel anzukommen, wurde die Ladung im Herkunftsland Venedig verpackt, gekennzeichnet und verladen. Bis hierhin handelte es sich logistisch gesehen um den Vorlauf. Den logistischen Hauptlauf bildete die Seefahrt bis zum Bestimmungshafen. Der Nachlauf bis zum Käufer geschah im Bestimmungsland, im Königreich Neapel. Wie später noch zu sehen, ist diese Bemerkung keine Haarspalterei. Die Unterscheidung Vorlauf, Hauptlauf und Nachlauf strukturiert in gewisser Weise die Aufgabenverteilung zwischen Verkäufer und Käufer. Der venezianische Kaufmann hatte seine Leute, die die Vorkehrungen und den Transport besorgten. Er verfügte über eigene Schiffe oder gab die Ladung bei einer Reederei auf. Oder aber im Hafen wartete ein Schiff des Käufers oder ein von diesem beauftragtes. Dann ging es die Adria herab bis zum Bestimmungshafen, von dem aus die Leute des Käufers Vorkehrungen und Transport bis zu dessen Handelskontor organisierten. Dieses Bild muss an dieser Stelle nicht historisch korrekt zu sein. Es illustriert aber, wie und wieso zwischen Verkäufer und Käufer bestimmte Aufgaben überhaupt zur Verhandlung standen – denn der Transport berührte mehrere Einflusssphären, in denen unterschiedliche Akteure das Sagen hatten: Die Gerichtsbarkeit Venedigs und die Weisungsgewalt des

Verkäufers über seine Leute, die Hoheit des Kapitäns über Schiff und Mannschaft sowie schließlich die des Käufers über dessen Leute im Königreich Neapel. Dies spiegelt sich in Klauseln, wie etwa den Incoterms® wider, die nach dem Land des Verkäufers, dem Hauptlauf und dem Bestimmungsland oder -ort des Käufers unterscheiden; auch wenn sie ebenso gut im Binnenhandel Anwendung finden können. Die also auch analog der einstigen Einflusssphären von einer Aufgabenverteilung für Vor-, Haupt- und Nachlauf ausgehen.

# Der Begriff des Risikos im Handel 3

Risiko ist ein zentraler Begriff im Zusammenhang mit Handelsklauseln. Im Außenhandel ist mit Risiko in der Regel das Preisrisiko gemeint, wer die Kosten im Falle von Untergang oder Qualitätsminderung einer Ware trägt. Selten geht es auch um das Risiko, Ersatz liefern zu müssen. Es geht zentral auch um die Verteilung von Risiken entlang der Transportkette. Die Frage stellt sich nach der fairen Verteilung von Risiken zwischen Verkäufer und Käufer.

## 3.1 Das Wann und Warum eines Schadens

Was ist ein Risiko?[1] Oder was ist, wie im deutschen Recht genannt, eine Gefahr? Beides bedeutet hier dasselbe: Im Kontext von Handel und Außenhandel ist es ein möglicher betrieblicher Schaden. Das kann zunächst vieles sein: Diebstahl einer patentreifen Idee, Abwanderung der besten Mitarbeiter, Zerstörung oder Beeinträchtigung von Produktionsanlagen, nicht zahlende Kunden usw. Risiko lässt sich holzschnittartig auf den Punkt bringen, dass etwas schmerzlich teuer werden kann, was eigentlich Gewinn abwerfen sollte. Im Außenhandel ist dies in aller Regel die Variante, ein Vertragspartner zahlt nicht; ob zu Recht oder Unrecht sei zunächst

---

[1] Eine gut gemachte Einführung mit Übungsfragen und Lösungen ist der Beitrag auf https://www.trafima.de/aussenhandel-risiken/.

© Der/die Herausgeber bzw. der/die Autor(en), exklusiv lizenziert durch
Springer Fachmedien Wiesbaden GmbH, ein Teil von Springer Nature 2020
W. Müller, U. Steinmetz, *Internationale Handelsklauseln*,
https://doi.org/10.1007/978-3-658-30213-9_3

dahingestellt. Oder ein Vertragspartner ist zur Zahlung verpflichtet, auch wenn er keine oder unbrauchbare Ware erhalten hat. Kurzum, für jemanden gibt es Kosten, aber keine Gegenleistung.

> **Beispiel**
>
> *Ein Unternehmen hat – sagen wir Stahl – produziert und auf den Weg zu seinem Kunden in Übersee gebracht. Unterwegs gerät der Stahl in Kontakt mit reichlich Meerwasser, so dass beim Kunden minderwertige, weil stark verrostete Ware ankommt. Der Verkäufer hätte nun gerne sein Geld, der Kunde will das verrostete Zeug natürlich nicht zahlen. Noch angenommen, der Verkäufer hätte alle nötige Sorgfalt beachtet und seine Ware wurde durch unvorhergesehene Umstände beschädigt oder beeinträchtigt, kann er dann dennoch zurecht den Kaufpreis verlangen?*

Auf internationalen Transporten gibt es genug Gefahren, die einen Schaden zur Folge haben und längst nicht alle sind durch gute Vorbereitung abwendbar. So kann das Schiff im Beispiel durch schlecht gestaute Ladung in Schräglage gekommen sein; infolge dessen lief übermäßig viel Meerwasser in den Laderaum, so dass der Stahl satt im Salzwasser lag. Nach diesem Beispiel können weder der Verkäufer noch der Käufer etwas für den Schaden. Selbst der Schiffsführer kann sich als unschuldig herausstellen, wenn er etwa falsch deklarierte Container verstaut hat und das Schiff so ohne sein Verschulden in Schräglage kam. Statt nun um knifflige Beweisfragen herum zu argumentieren, ist es üblich, Risiken fair zu verteilen. Im Beispiel der Getreidesäcke, die die alte Handelsklausel FOB illustrieren sollten, wurde dies bereits deutlich. Auf dem Weg zum Schiff kann so einiges schief gehen, was der Getreidehändler nicht verhindern konnte. Ein mögliches Problem war, dass er morsche Getreidesäcke verwendet hatte. Es hätten ihm auf dem Weg auch die Pferde des Fuhrwerks durchgehen können, so dass die Säcke im Morast gelandet wären. Oder am Pier nehmen betrunkene Stauer die Säcke auf die Schultern und landen mitsamt ihnen im Hafenbecken.

Risiken sollen also fair verteilt werden. Im internationalen Handel hat sich durchgesetzt, dass mit Risiko zunächst einmal das sogenannte Preisrisiko gemeint ist. Das heißt, das Risiko für den Verkäufer, kein Geld zu bekommen und für den Käufer, den Kaufpreis zahlen zu müssen – auch wenn die Ware unterwegs untergegangen ist oder unbrauchbar geworden ist.

Der Untergang ist einfach erklärt: Diebstahl, Zerstörung durch Unfall, Feuer oder Wetter, die Ware liegt tatsächlich auf dem Meeresgrund usw.; es gibt sie nicht mehr. Wann eine Ware unbrauchbar geworden ist, ist schwieriger zu beziffern. Je

## 3.1 Das Wann und Warum eines Schadens

nachdem, ob dem Käufer im Beispiel nur an stabilem Material gelegen war, kann er vielleicht über den Rost hinwegsehen. Vielleicht kann er ihn aber auch gar nicht mehr brauchen. Ganz sicher wird er aber reklamieren, schließlich war etwas anderes vereinbart, als er erhalten hatte. Die Unbrauchbarkeit ist eine Frage des beabsichtigten Zwecks, der im Kaufvertrag bei der Beschreibung von Menge, Qualität, Lieferzeitraum oder Kosten zum Ausdruck kommt. Ob etwas unbrauchbar ist, ist also eine Frage der Auslegung des Vertrags, der geschlossen wurde.

Das Thema faire Verteilung des Risikos umgeht Fragen der Vertragsauslegung. Im Außenhandel wird das Risiko möglichst technisch behandelt. Dies hat auch einen guten Sinn: Verträge sind gemeinsame Willenserklärungen, die auch von nationalen oder sogar regionalen Gewohnheiten leben. Die Vertragspartner einigen sich keineswegs immer zweifelsfrei, beide haben die Rechtsauslegung und die Gepflogenheiten ihres Landes im Hinterkopf, selten die des anderen. Gewissermaßen darüber gespannt haben sich mit Handelsklauseln à la FOB, wie sie von der ICC systematisiert und weiter entwickelt werden und dem internationalem Handelsrecht, wie es unter dem Regime der UNO ausgearbeitet wurde und wird, Normen und Übereinkünfte herausgebildet, die möglichst global akzeptiert werden können. Das hier angesprochene internationale Handelsrecht ist das UNCITRAL-Kaufrecht der United Nations Commission on International Trade Law. Unter dem Namen CISG – Convention on Contract for the International Sale of Goods – wurde es als völkerrechtliche Konvention 1980 in Wien verabschiedet. Es ist mittlerweile von den meisten Wirtschaftsnationen ratifiziert worden und hat so in deren Rechtskreisen Geltung erhalten. Die Klauseln und Normen wirken vielleicht spröde, dadurch aber pendeln die Auslegungsschwierigkeiten auf ein Minimum zu.

Im Falle der Risikoverteilung hat sich etabliert, dass das Risiko derjenige trägt, der eine Ware in seinem Besitz hat. Dies entspricht wieder dem FOB-Beispiel des Getreides: Der trägt das Risiko, der das Heft des Handelns in der Hand hält.[2] Darüber hinaus geht es hier nur um Fragen, was sich auf dem Transportweg zugetragen hat. Missverständnisse im Vorfeld etwa, die dazu geführt haben, dass die Vertragsparteien aneinander vorbei geredet haben, sind außen vor. Von der Verletzung von Sorgfaltspflichten abgesehen, trägt also derjenige das Risiko, entweder kein Geld zu bekommen oder zahlen zu müssen, auch wenn die Ware untergegangen ist, der den Transport in der Hand hatte. Im Kaufvertrag kann dies natürlich auch individuell anders vereinbart werden.

---

[2] Coetzee, Juana: INCOTERMS as a form of standardisation in international sales law: an analysis of the interplay between mercantile custom and substantive sales law with specific reference to the passing of risk; Stellenbosch, Dissertation presented for the degree of Doctor of Law at the University of Stellenbosch, 2010, S. 226 ff.

Je nachdem, wie lange sich die Vertragsparteien kennen und vertrauen, je nachdem, welche Normen eines Landes nichts anders zulassen oder je nachdem, wie es beiden einleuchtet, können sie Verträge beliebig individuell aushandeln. Sie können und werden auch in der Regel festlegen, welche nationalen Normen dem Vertrag zugrunde liegen sollen, oder ob internationales Kaufrecht anwendbar sein soll. Bei der Frage des Risikoübergangs während des Transports tun sie sich aber meistens einen Gefallen, wenn sie sich auf international akzeptierte Rechtssätze beziehungsweise auf Handelsklauseln stützen. Wobei, da die meisten Wirtschaftsnationen das CISG als nationales Recht ratifiziert haben, gilt es als internationales Kaufrecht, sofern per Vertrag im Einzelfall nichts anders vereinbart wurde.

Das Risiko geht also nach dieser Lesart vom Verkäufer auf den Käufer mit Übergabe in den Bereich der Handlungshoheit des Käufers über. Wann und wo dies ist, ist wiederum Verhandlungssache! Sollte der Käufer eine vereinbarte Ware am Werkstor des Verkäufers abholen wollen – etwa, weil es für ihn praktisch ist, mehrere Transporte zu konsolidieren – dann geht das Risiko am Werkstor auf ihn über, zum Zeitpunkt der Übernahme der Ware bzw. zum Zeitpunkt der Übergabe aus Sicht des Verkäufers.

Es gibt noch weitere Ansätze, den Zeitpunkt des Risikoübergangs zu bestimmen. So wird diskutiert, ob nicht mit Vertragsabschluss das Risiko übergeht. Oder ob nicht der Zeitpunkt des Eigentumsübergangs ein guter Cut ist, an dem der Risikoübergang fest zu machen sei. Überzeugen will dies indes nicht: Wieso soll der Verkäufer im ersten Fall das ganze Risiko tragen, obwohl ja noch nichts auf den Weg gebracht wurde? Auch der Eigentumsübergang wirkt nur auf den ersten Blick plausibel: Wenn der Käufer etwa bereits im Besitz der Ware ist, der Verkäufer aber aufgrund von nationalem Recht oder Vereinbarung noch Eigentümer ist, dann trüge er das Risiko, dass der Käufer den weiteren Transport vielleicht unsachgemäß ausführt und die Ware dadurch untergeht.

Oben ist es bereits angedeutet, Risiko bedeutet, Kosten ohne Gegenleistung. Im Außenhandel bleibt es dabei, vorbehaltlich individueller Vereinbarungen. Wenn also der Stahl verrostet oder gar nicht ankommt, dann bleibt der Verkäufer auf den Herstellungs- und Versandkosten sitzen, der Käufer muss nicht zahlen. Es gibt aber keinen Anspruch, dass eine neue Ladung Stahl in vereinbarter Güte hergestellt und transportiert wird. Anders als etwa im deutschen Recht, das eine erneute Lieferung vorsieht, sofern dies möglich ist. Dies ist dann der Fall, wenn es sich um Massenware handelt, wenn der Verkäufer noch über gleiche Ware verfügt. Ein typisches Beispiel wären landwirtschaftliche Produkte, ein Gegenbeispiel ein individuell hergestelltes Handwerkserzeugnis. Das internationale Handelsrecht und Handelsklauseln machen zurecht einen Bogen auch um diese Art möglichen Anspruchs.

Hier gibt es zahlreiche nationale Regelungen und Nuancen, die nicht auf einen gemeinsamen Nenner kommen.

## 3.2 Wer zahlt wofür und wer tut was? – Risiko- und Kostenübergang

Wann und wo das Risiko übergeht, wie die faire Verteilung von Risiko und Kosten genau aussehen soll, vereinbaren die Vertragspartner untereinander. Das heißt, sie vereinbaren, wer welche Leistungen entlang des Transportwegs erbringt und bis zu welchem Abschnitt. Keineswegs muss der Verkäufer den kompletten Transport organisieren und die Kosten dafür tragen. Noch einmal das Beispiel, dass Free on Board vereinbart wurde: Dann ist es seine Aufgabe, die Ware bis aufs Schiff zu bringen, ab dann übernimmt der Käufer die Organisation und die Kosten des Transports. Ab dann trägt er auch das Risiko. In internationalen Transporten gibt es zahlreiche plausible Orte, an denen eine Ware den Besitzer – nicht notwendigerweise den Eigentümer – wechselt. Das Werkstor des Verkäufers wäre so einer, oder ein Terminal auf dem Weg zum Schiff oder Flugzeug, eines im Bestimmungsland, wohin die Ware geliefert werden soll, bis zuletzt das Werkstor des Käufers. Den Schnitt, wann und wo ein Risiko übergeht, bestimmen die Vertragsparteien also untereinander. Damit einigen sie sich auch, was fair ist, welche Vorteile die ja im Grunde geografische Risikoverteilung jeweils bringt. Der Verkäufer kann sich zum Beispiel ausrechnen, dass ein Kunde ihm gewogen bleibt, wenn er den Transport bis zu dessen Türe besorgt. Oder er kann dadurch seine Transportkosten senken, dass er mehrere Transporte zusammenlegt. Er hat vielleicht nicht die Kapazitäten, eine Seefracht zu organisieren und wird dann vereinbaren, dass er die Ware zu einem Terminal bringt, von wo aus der Käufer den Transport übernimmt.

Das Wie und Warum der Risikoverteilung ist letztlich eine Frage der Unternehmenspolitik. Aber daran hängt auch die Frage, wer tut was bis wohin und trägt damit die Kosten wofür? Das ist ja nicht nur, einen Frachtführer zu bezahlen, wenn die Ware nicht mit eigenen Transportmitteln losgeschickt wird. Die Ware muss zum Beispiel für Luftfracht verpackt und gekennzeichnet werden, es gibt zahlreiche Sicherheitsvorschriften, deren Einhaltung dokumentiert werden muss. Dann kommen eventuell Ausfuhr- und Einfuhrzölle und Steuern dazu, Gebühren für Warenumschlag in einem Terminal, Warenprüfung, die Liste ist lang. In der Regel endet die Kostenübernahme für den Verkäufer am Ort und zum Zeitpunkt des Risikoübergangs. Hier gibt es Ausnahmen, insbesondere wenn sich die Handelspartner anders geeinigt haben, aber auch Standardabweichungen. Dazu unten mehr beim Thema Incoterms® in Abschn. 6.4.

# Klauseln im Handel und Außenhandel 4

Handels- und Lieferklauseln sind wichtige Bestandteile von internationalen Kaufverträgen. Sie haben indes keine eigene Rechtskraft, sondern erhalten ihre Geltung durch die ausdrückliche Aufnahme in Verträgen. Es gibt eine Unzahl von Klauseln und Frankaturen. Von besonderem Interesse sind einige Klauseln, die im Vertrag rechtlich wie Allgemeine Geschäftsbedingungen (AGB) betrachtet werden. Besondere Bedeutung wiederum haben die Incoterms®. Vor ihrer Betrachtung werden einige bedeutsame Regelwerke gestreift und ein kurzer Abstecher zu in Amerika gebräuchlichen Klauseln gemacht.

## 4.1 Einige wichtige Handelsklauseln

Handels- beziehungsweise Lieferklauseln und internationale Regelungen sind ein weites Feld. Im Grunde sind sie nichts anderes als die in Begriff geformte Variante des guten alten Handschlags, der Einigkeit über die gemeinsamen Absprachen besiegelt und ein Geschäft abschließt. Dies ist auch im Wesentlichen ihr Zweck: Einigkeit herzustellen. Dadurch, dass sie allgemein gebräuchlich sind, gibt es keinen bis wenig Zweifel, was sie bedeuten. Free in, free out, free in & out bedeuten unmissverständlich, dass ein Schiff auf Kosten des Charterers beladen, entladen oder beides wird.

Handelsklauseln und Regelwerke, auch wenn sie dem guten Zweck folgen, Eindeutigkeit herzustellen, sind im Grunde auch eine Geheimsprache. Das hört sich jetzt dramatisch an, bedeutet aber nur, dass sie kaum in offenem Diskurs formuliert werden, sondern in geschlossenen Zirkeln und unter Gleichgesinnten ausgedacht werden. Solche Zirkel und Gleichgesinnte waren historisch gesehen die Kaufleute mit ihren Gilden und Bünden.

Noch heute werden Klauseln wie die Incoterms® nicht in Parlamenten, sondern in Gremien von Verbänden oder zwischenstaatlichen Organisationen erarbeitet und verabschiedet. Parallel gibt es eine Unzahl von Abkürzungen für vertragliche Elemente, wie free in oder free out, die von vielen verstanden werden; mitunter handelt es sich auch um Kürzel, die nur unter spezialisierten Branchenvertretern oder regionalen Akteuren üblich sind. Übergreifend und allgemein, das heißt in den meisten Wirtschaftsnationen, akzeptiert sind sie nicht alle. Akzeptiert sind zuvorderst die Lieferklauseln der Incoterms® der ICC.

Von besonderer Bedeutung – zwar keine Klauseln, sondern völkerrechtliche Normen – ist das bereits erwähnte internationale Handelsrecht, das UNCITRAL-Kaufrecht der United Nations Commission on International Trade Law – als die Convention on Contract for the International Sale of Goods, CISG[1] wurde es als völkerrechtliche Konvention 1980 in Wien verabschiedet. Es ist mittlerweile von den meisten Wirtschaftsnationen ratifiziert worden und hat so in deren Rechtskreisen Geltung erhalten. Es hat völkerrechtliche Geltung im Außenhandel, wenn die Handelspartner jeweils in einem Land sitzen, das die CISG ratifiziert hat. Es sei denn – hier kommt das Stichwort Freiheit der Vertragsgestaltung – die Partner einigen sich ausdrücklich auf etwas anderes, wie den Gerichtsstand in einem bestimmten Land und die Anwendbarkeit des dortigen Rechts und schließen das CISG ausdrücklich aus. Ist übrigens einer der Handelspartner in einem Land, das der CISG nicht beigetreten ist – das wären interessanterweise etwa Großbritannien oder Portugal – greifen die Regeln des internationalen Privatrechts. In der Regel kommt bei internationalen Kaufverträgen das Recht des Landes des Verkäufers zum Zuge. Im europäischen Recht regelt die sogenannte Rom-I-Verordnung – die Verordnung (EG) Nr. 593/2008 des Europäischen Parlaments und des Rates über das auf vertragliche Schuldverhältnisse anzuwendende Recht vom 17. Juni 2008 – welches Recht angewandt wird.

*Sitzt der Verkäufer in Deutschland und der Käufer in Portugal, würde demnach das CISG angewendet, da es von Deutschland ratifiziert wurde.*

Im Bereich von Industriemaschinen und -Anlagen hat die ECE, die Economic Commission for Europe,[2] die Wirtschaftskommission für Europa der UN, zahlrei-

---

[1] Eine Synopse von deutscher Übersetzung und englischem Original enthält: https://law.jura.uni-leipzig.de/download/0/0/1864574322/e8521559a75e58ae936b657430cfd88c91c74377/fileadmin/law.jura.uni-leipzig.de/uploads/dokumente/WS_2018-19/cisg_englisch_deutsch_Kopie.pdf.

[2] https://www.unece.org/info/ece-homepage.html.

## 4.1 Einige wichtige Handelsklauseln

che Liefer- und Vertragsbedingungen verabschiedet, die im grenzüberschreitenden Handel in Verträge einfließen.

Ebenfalls zu nennen sind die FIDIC[3]-Conditions der Fédération Internationale des Ingénieurs-Conseils mit Sitz in Genf. Hierbei handelt es sich um Musterverträge, die für internationale Bauvorhaben genutzt werden. Bei internationalen Ausschreibungen werden sie empfohlen, zum Teil auch vorgeschrieben, etwa bei Ausschreibungen der Weltbank oder der EU.

In den USA waren bereits 1919 Lieferklauseln, ganz ähnlich den Incoterms® der ICC, im Umlauf. Anfang der 1940er-Jahre veröffentlichte das American Law Institut und der National Council of American Importers eine darauf gestützte Version von Lieferklauseln, die RAFTD, die Revised American Foreign Trade Definitions. Sie finden sich auch im UCC wieder,[4] dem Uniform Commercial Code – das vereinheitlichte US-Amerikanische Handelsrecht – in UCC-Artikel 2, part 3, §§ 2–319 ff. Im internationalen Handel ist die Bedeutung der RAFTD-Klauseln eher gering. Allerdings sind die RAFTD-Klauseln noch im inneramerikanischen Handel gebräuchlich, etwa beim Warenverkehr von Kanada in die USA. Hier ist also Aufmerksamkeit geboten! Sie lauten:

Ex (Point of Origin)
FOB (Free on Board)
FAS (Free Along Side)
C&F (Cost and Freight)
CIF (Cost Insurance and Freight)
Ex Dock (named port of importation)

Die Ähnlichkeiten zu den Incoterms® sind nur oberflächlich. Schön lässt sich dies am folgenden Beispiel der beliebten RATFD-Klausel FOB zeigen.

### Beispiel

*Die Klausel ist wie eine zweispaltige Matrix aufgebaut, mit den beiden Spalten Lieferort Origin und Bestimmungsort Destination. Origin und Destination legen den Besitz- oder Eigentumsübergang vom Verkäufer zum Käufer und damit verbunden den Risikoübergang fest.*

*FOB Origin bedeutet nun, der Käufer trägt das Risiko, wenn die Ware auf das Transportmittel des ersten Frachtführers beladen zur Verfügung steht. Oft ist dies am Werk oder Lager des Verkäufers.*

---

[3] https://fidic.org/; Publikationen der FIDIC enthält https://www.vbi.de/service/fidic-publikationen/; Abruf am 21.12.2019.

[4] Z. B. unter: https://www.law.cornell.edu/ucc/2; Abruf 12.11.2019.

*FOB Destination* hingegen bedeutet, dass der Verkäufer das Risiko bis zum Bestimmungsort des Käufers übernimmt, an dem das Eigentum auf den Käufer übergeht. Dies kann eine Adresse des Käufers sein; aber – und hier ist Aufmerksamkeit geboten – auch ein weiteres Transportmittel, ein Lkw, Waggon, Flugzeug oder Schiff.

*Origin* oder *Destination* bestimmen auch, wer eventuelle Schäden bei einer Versicherung meldet – nämlich der, der das Risiko während des Transports vom Lieferort zum Bestimmungsort getragen hat. Beim Zusatz *Origin* ist dies der Käufer und entsprechend der Verkäufer, wenn der Zusatz *Destination* vereinbart wurde.

Zu diesen beiden Zusätzen, die den Risikoübergang markieren, kennt *FOB* nach RAFTD noch weitere Bestimmungen, die sich auf die Transportkosten beziehen – sozusagen die drei Zeilen der 2-spaltigen Matrix: *Freight Prepaid, Freight Collect* und *Freight Prepaid, & Charged Back* oder *Allowed*.

Daraus ergeben sich die folgenden Kombinationen aus zwei Spalten und drei Zeilen:[5]

1) *FOB Origin, Freight Prepaid:*
   Der Verkäufer übernimmt die Transportkosten, der Käufer trägt das Risiko ab der Übergabe der Ware an den Frachtführer am vereinbarten Ort.
2) *FOB Origin, Freight Collect:*
   Der Käufer trägt die Transportkosten und das Risiko ab der Übergabe der Ware an den Frachtführer am vereinbarten Ort.
3) *FOB Origin, Freight Prepaid, & Charged Back:*
   Der Verkäufer geht bei den Transportkosten in Vorleistung, die er an den Käufer weiterberechnet. Das Risiko geht am vereinbarten Ort auf den Käufer über.
4) *FOB Destination, Freight Prepaid:*
   Der Verkäufer trägt die Transportkosten bis zum Bestimmungsort, an dem erst das Risiko an den Käufer übergeht.
5) *FOB Destination, Freight Collect:*
   Der Käufer zahlt die Transportkosten, wenn er die Ware am Bestimmungsort erhält. Bis dahin bleibt das Risiko an der Ware beim Verkäufer.

---

[5] Vgl.: https://www.supplychaindive.com/spons/what-is-free-or-freight-on-board-fob-and-why-should-shippers-understand/504772/; Abruf am 14.11.2019.

6) *FOB Destination, Freight Collect, and Allowed:*
   Der Käufer zahlt zunächst die Transportkosten, hält sich aber dadurch schadlos, dass er diese Kosten von der Rechnung wieder abzieht, die er vom Verkäufer erhält. Das Risiko geht auf den Käufer am Bestimmungsort über.

Im internationalen Handel haben sich letztlich die Incoterms® der ICC durchgesetzt, von branchenbezogenen und hauptsächlich regional verwendeten Klauseln abgesehen. Der ICC zufolge tauchen die Incoterms® mittlerweile in gut 90 % aller internationalen Kaufverträge auf. Damit haben sie sich zum derzeitigen Klausel-Standard im Außenhandel durchgesetzt und sich eine Stellung als Lingua Franca in internationalen Vertragsgeschehen erworben.

Nach einer kurzen Bemerkung über die Einbindung von Klauseln in Verträgen, sollen dann auch die Incoterms® in der aktuellen Version 2020 den weiteren Inhalt ab Kap. 5 bestimmen. Ein Buch über Klauseln im Außenhandel, wenn es nicht vor hat ein Lexikon zu sein, wird immer auch ein Buch über die Incoterms® sein.

## 4.2 Klauseln im Vertrag

Es ist wichtig, Klauseln wie die oft erwähnten Incoterms® von förmlichem Recht deutlich abzugrenzen: Handels- und Lieferklauseln haben keine Gesetzeskraft. Sie sind kein Bestandteil nationalen Rechts und haben auch keine völkerrechtliche oder völkergewohnheitsrechtliche Wirkung. Sie dienen nur der Vertragsgestaltung. Dieser energischen Formulierung folgt natürlich sogleich ein „aber": In der Praxis ziehen die Gerichte beispielsweise die Incoterms® heran, wenn es um Vertragsstreitigkeiten geht. Ihr pfleglicher Gebrauch zieht insofern mittelbar Rechtsfolgen nach sich, weil sie bei der Auslegung von Verträgen eine wichtige Rolle spielen, die in den letzten Dekaden stetig an Aufmerksamkeit gewann.

Handels- und Lieferklauseln tragen den Charakter von allgemeinen Geschäftsbedingungen, auf die sich Handelspartner einlassen. Sie sind Gegenstand vertraglicher Vereinbarungen. Daraus folgt, dass in einem Vertrag Klauseln ausdrücklich aufgenommen werden müssen, damit sie bindend wirken. So werden etwa die Incoterms® von deutschen Gerichten als allgemeine Geschäftsbedingungen betrachtet, auf die sich Handelspartner explizit, also per Vertrag, einigen. Sie gelten nicht unabhängig von dem jeweiligen Handel, wie etwa die Paragrafen des Bürgerlichen Gesetzbuchs (BGB). Um bei der vertraglichen Fixierung Eindeutigkeit zu wahren, sollte auf jeden Fall mit der Klausel, die angewandt werden soll, auch die Version – das Jahr der Veröffentlichung – genannt werden sowie alle vorgesehenen näheren

Bestimmungen exakt im Vertrag aufgeführt werden. Am Beispiel der Incoterms® wird dies weiter unten noch deutlich.

Klauseln sind also vertraglich vereinbart und keine allseits gültigen Gesetze. Für die Vertragsparteien hat dies den Vorteil, dass sie stets die individuellen Vereinbarungen treffen können, die sie gerade brauchen. Sie sind auch nicht gezwungen ausschließlich die Ursprungsversion einer Klausel zu verwenden, also sie genau so zu verwenden, wie sie veröffentlicht wurden. Tatsächlich lassen sich Vertragspartner immer wieder geradezu bunte Zusatzbestimmungen beispielsweise zu einer Incoterms®-Klausel einfallen, die auf deren besondere Situation passen. So könnte eine solche Vereinbarung lauten: FOB Incoterms® 2020, Frankfurt Airport, unloaded, also Frei an Bord laut Incoterms®-Version 2020, am Frankfurter Flughafen, (Fracht) abgeladen. Das Beispiel ist ausgedacht und ergibt – bewusst – keinen Sinn. Denn zum einen bezieht sich diese Klausel ausschließlich auf Seefracht, und frei an Bord aber Ware abgeladen widerspricht sich eigentlich. Vielleicht lässt sich da noch der Auftrag an den Frachtführer herauslesen, die Ware in ein Flugzeug zu laden oder laden zu lassen. Aber alles in allem führt hier, wie tatsächlich in vielen Fällen aus dem wirklichen Leben, die individuelle Ausgestaltung weg von der angestrebten Eindeutigkeit, die Klauseln, wie die Incoterms®, herstellen sollen. Und tatsächlich kommt es gar nicht so selten vor, dass durch die individuelle Ausgestaltung weniger statt mehr Sinn in den Vertrag hineinkommt, bis hin zum Effekt der Unausführbarkeit. Klauseln sollten eher wie Spielregeln in einem klassischen Spiel, wie Schach betrachtet werden. Ein solches Spiel hat einige, jedoch nicht allzu viele Regeln, die aber eine erstaunliche Vielfalt an Spielzügen ermöglichen.

Egal wie gut etwa die Incoterms® für sich genommen, mit ihrer Verteilung von Rechten und Pflichten eine widerspruchsfreie Systematik bilden, Klauseln und Realität werden immer wieder aufeinanderprallen. Das liegt unter anderem an dem Wust von zoll-, steuer- und außenhandelsrechtlichen Vorschriften und Gesetzen, die sich die Nationalstaaten allein oder untereinander ausdenken. Handel löst auch Rechtsfolgen aus und die zugrunde liegenden Normen lassen sich in keiner gemeinsamen Mathematik oder versöhnlichen Logik zusammenbringen. Abgesehen davon, dass Handels- und Lieferklauseln nicht darauf zielen, nationale Normen abzubilden. Beispielsweise lassen die Klauseln gern die Frage nach dem Erwerb von Besitz oder Eigentum außen vor. Es handelt sich um zwei – systematisch, nicht praktisch – verschiedene Bereiche, den der Klauseln und den der Rechtsvorschriften. Damit ist gewiss, dass Handel eine spannende und verwickelte Materie bleiben wird.

# Die Incoterms® der ICC 5

Die Incoterms® bilden den Schwerpunkt des Buches. Zuerst wird kurz auf ihre Historie mit einer schachbrettartigen Schilderung eingegangen. Wichtig ist ein Verständnis der Struktur der Incoterms, wie sie in einen Vertrag richtig eingebunden werden und einen Überblick über die grundsätzliche Verteilung von Pflichten zwischen Verkäufer und Käufer zu haben.

Handelsklauseln, wie die Incoterms®, verteilen also Obliegenheiten zwischen Käufer und Verkäufer entlang der Transportkette, klären Verantwortlichkeiten – keine Haftungsfragen – und definieren den Übergang des Risikos beim Warentransport. Diese Idee lässt sich leicht illustrieren: Eines der Spiele auf Kindergeburtstagen war ein Staffellauf mit rohen Eiern: Wir Kinder trugen ein rohes Ei auf einem Esslöffel mit anderen um die Wette vor uns her. Einige Meter weiter wartete das nächste Kind ungeduldig, bis das Ei auf dessen Löffel übergeben wurde und es eifersüchtig um den Sieg loslegen konnte bis zum nächsten Kind usw. bis zum Ziel. Nicht alle Eier überstanden den Wettlauf. Fiel einem Kind das Ei während seines Laufs zu Boden, war klar, wer Spott und Vorwurf zu tragen hatte. Landete das Ei während der Übergabe auf der Erde, wurde erst einmal vorwurfsvoll gestritten, wessen Ungeschick den sonst – natürlich – sicheren Sieg auf dem Gewissen hatte.

---

Die Kap. 5 und 6 orientieren sich am offiziellen Regelwerk der Incoterms® 2020 der ICC; ICC Germany e.V.: Incoterms 2020: die Regeln der ICC zur Auslegung nationaler und internationaler Handelsklauseln; Berlin: ICC Germany, 2019.

So ist es auch mit den Incoterms®: Sie bestimmen, wer das Risiko für die Unversehrtheit des Transportguts trägt, und vor allem bis wann und wo. Bei der Klausel DAP, nur um eine herauszugreifen, trägt der Verkäufer das Risiko, bis die Ware einen vereinbarten Übergabeort unbeschadet erreicht; dann kann er aufatmen. Der Käufer übernimmt die Ware mitsamt dem Risiko. Der Verkäufer muss im Fall der Klausel DAP übrigens nicht dafür sorgen, dass der Käufer die Ware sicher übergeben bekommt. Dieser muss sie sicher übernehmen können.

## 5.1 Incoterms von der Geburt bis heute

Vor dem ersten Weltkrieg häuften sich Konferenzen nationaler Handelskammern. Der Welthandel damals war global bereits so vernetzt – wie übrigens lange danach nicht mehr –, so dass das Interesse an gemeinsamen Regularien für den Handel schließlich in eine internationale Organisation mündete: Im Jahr 1919 gründeten die Merchants of Peace, eine Gruppe von Industriellen, Händlern und Unternehmern aus Belgien, Frankreich, Großbritannien, Italien und den USA in Atlantic City die International Chamber of Commerce, die ICC. Eine der frühen Aufgaben, die sich die ICC setzte, war die Herausgabe allgemein anerkannter Handelsklauseln. Dazu sammelten die Mitarbeiter Klauseln, die bereits in Gebrauch waren, ordneten sie, fassten zusammen was ähnlich aussah und strukturierten sie. In den zwanziger Jahren brachte die ICC so Klauseln zusammen, die in 13 Ländern gebräuchlich waren und vereinigte sie auf gemeinsame Nenner. Allerdings herrschten recht unterschiedliche Deutungen der Klauseln, so dass sich die ICC lange mit dem Vergleich der Klauseln und der bestmöglichen Schnittmenge beschäftigte, um schließlich sechs erste Incoterms® zu formulieren: 1936 veröffentlichte die ICC die erste Fassung der *International Commercial Terms* – der ersten Incoterms®. Die Klauseln lassen noch deutlich die Rolle der Seefracht für den internationalen Handel und ihre damalige Handhabung zutage treten:

- FAS – Free Alongside Ship: Die Ware wird längsseits eines Schiffs angeliefert.
- FOB – Free on Board: Die Ware wird über die Reling eines Schiffs geliefert.
- C&F – Carriage and Freight: Der Verkäufer liefert die Ware bis zu einem vereinbarten Bestimmungshafen. Dem Käufer obliegt der weitere Transport.
- CIF – Carriage Insurance and Freight: Wie C&F, zusätzlich versichert der Verkäufer die Ware auf seine Kosten, aber zugunsten des Käufers bis zum Bestimmungsort.
- Ex-Ship: Der Verkäufer liefert die Ware per Schiff bis zum Bestimmungshafen. Die Entladung obliegt dem Käufer.
- Ex-Quay: Wie Ex Ship, der Verkäufer kommt hier zusätzlich für die Entladung auf den Hafenquai auf.

1953 veröffentlichte die ICC die erste Überarbeitung der Incoterms®, zu denen nun drei weitere zugefügt wurden, die den Transport auf der Schiene betreffen:

- FOR – Free on Rail: Die Ware wird bis zur Eisenbahn geliefert. Der Käufer bewerkstelligt die Verladung auf oder in einen Waggon.
- FOT – Free on Truck: Die Ware wird zur Eisenbahn geliefert und vom Verkäufer auf oder in einen Waggon (= Truck) verladen.
- DCP – Delivered Costs Paid: Später in CPT umbenannt, verpflichtet den Verkäufer auf seine Kosten den Transportweg und die Ex- und Import-Formalien zu regeln. Allerdings trägt hier der Käufer das Risiko, wenn die Ware auf den Weg gebracht wurde – Transport und Risikoübergang fallen auseinander.

Die Klausel FOT wurde bereitwillig missverstanden; unter Truck wurde kurzerhand Lkw verstanden und die Klausel erlebte eine Periode munteren Fehlgebrauchs. Allerdings gab es bis dato auch keine Klausel, die den Transport auf der Straße einbezog.

1967 wurden die folgenden Klauseln eingeführt:

- DAF – Delivered at Frontier: Der Verkäufer liefert bis an die Grenze seines Landes und
- DDP – Delivered Duty Paid: Der Verkäufer kümmert sich um alle Formalien des Ex- und Imports und liefert bis zum vereinbarten Ort im Bestimmungsland, was natürlich auch das Werkstor des Käufers sein kann.

Free on Board war und ist noch verführerisch. Da on Board ja auch an Bord eines Flugzeugs heißen könnte, wird diese reine Seefrachtklausel bis heute notorisch für den Lufttransport herangezogen. Schließlich folgte die ICC 1976 mit der Einführung der Klausel

- FOB Airport – Free on Board benannter Flughafen

der inzwischen eingespielten Praxis.

Vier Jahre später, 1980, reagierte die ICC auf die Bedeutung des Containertransports mit einer Einführung der Klausel

- FCR – Free Carrier: Der Verkäufer trägt das Risiko bis zur Beladung der Ware in einen Container. Er macht die Ware für die Ausfuhr frei und stellt sie an einem benannten Ort – dieser kann auch das eigene Werksgelände sein – zum weiteren Transport durch den Käufer zur Verfügung.

1990 war die Welt des Handels dichter geworden. Die Incoterms® erfuhren eine ehrgeizige Überarbeitung. Neben Umbenennungen und damit verbundenen Neuinterpretationen gingen die Klauseln FOR, FOT und FOB Airport in die Klausel FCR, nun in FCA umbenannt, ein. Einige neue wurden hinzugefügt. Damit folgte die ICC unter anderem den Entwicklungen im elektronischen Datenverkehr, EDI, sowie weiteren neuen Entwicklungen in der Logistik:

EXW: Ex-Works, FCA: Free Carrier (zuvor FCR), FAS: Free Alongside Ship, FOB: Free On Board, CFR: Carriage and Freight, CIF: Carriage Insurance and Freight, CPT: Carriage paid to, CIP: Carriage and Insurance paid to, DAF: Delivered at Frontier, DES: Delivered Ex-Ship, DEQ: Delivered Ex-Quay, DDU: Delivered Duty Unpaid, DDP: Delivery Duty Paid.

2000 folgte erneut eine Revision mit einigen Modifikationen der bis dahin bestehenden Klauseln. Sie wurden 2010 überarbeitet und gestrafft. Das heißt, die Klauseln DAF, DES, DEQ und DDU gingen in den neuen Klauseln DAT (Delivered at Terminal) und DAP(Delivered at Place) auf. Die Liste der Incoterms® 2010 lautet:

- EXW – EX Works (ab Werk)
- FCA – FreeCArrier (frei Frachtführer)
- FAS – Free Alongside Ship (frei längsseits Schiff)
- FOB – Free On Board (frei an Bord)
- CFR – Cost And Freight (Kosten und Fracht)
- CIF – Cost Insurance Freigth (Kosten, Versicherung, Fracht)
- CPT – Carriage Paid To (Fracht bezahlt bis)
- CIP – Carriage Insurance Paid (Fracht und Versicherung bezahlt)
- DAT – Delivered At Terminal (geliefert benanntes Terminal)
- DAP – Delivered At Place (geliefert benannter Ort)
- DDP – Delivered Duty Paid (geliefert Zoll bezahlt)

Bis 2010 wurden acht Überarbeitungen herausgegeben, die dem Wandel der Transporte und des Handels folgten, aber auch Missverständnisse bereinigten. Seit Herbst 2019 liegen nun nach moderaten Änderungen die Revision der Incoterms® 2010, die Incoterms® 2020 vor.

Noch dürften zahlreiche Verträge mit Verwendung der Incoterms® 2010 gültig sein und wohl auch noch neu geschlossen werden. Die Incoterms® 2010 gleichen den unten besprochenen Incoterms® 2020 in weiten Teilen. Die inhaltlichen Änderungen werden dort noch zusammengefasst.

Alle jemals veröffentlichten Klauseln sind interessanterweise gültig. Tatsächlich können sich Vertragspartner auf die Klausel CIF einigen, wie sie 1936 verstanden wurde: Im Vertrag werden die Incoterms®-Klauseln in der Form aufgeführt: Klausel, benannter Ort der Übergabe, Incoterms® mit Jahresangabe. Zum Beispiel CIF, Dortmund Petroleumhafen, Incoterms® 2020 oder eben auch Incoterms® 1936 – theoretisch jedenfalls.

Den Incoterms® 1936 war der Schwerpunkt Seehandel deutlich anzusehen. Im Laufe der Jahre verschob sich dieser Schwerpunkt schrittweise Richtung Land- und Lufttransport bzw. multimodale Transporte. Ausschließlich für Seefracht vorgesehen sind vier Klauseln: FAS, FOB, CFR und CIF. Die sieben anderen Klauseln EXW, FCA, CPT, CIP, DAP, DPU und DDP sind für alle anderen Transportarten vorgesehen. Das heißt, dass sie auch zum Einsatz kommen können, wenn ein Transport über See vorgesehen ist, wie bei Containerfracht ja durchaus üblich.

## 5.2 Die Incoterms® 2020 – Was ist neu?

Das offizielle und maßgebliche Regelwerk der ICC wurde anwenderfreundlicher gestaltet. Der neue Text ist anschaulicher kommentiert und die Autoren haben auf gut verständliche Formulierungen und Übersicht geachtet, auch bezüglich der Art der Aufzählung der Regelungsdetails der einzelnen Incoterms®-Klauseln, die die Pflichten von Verkäufer und Käufer festlegen. Die Pflichten wurden in eine neue Reihenfolge gebracht. Im Unterschied zu den vorherigen Versionen sind nun die Kosten, die auf die Vertragsparteien zukommen, zur besseren Übersicht zusammengefasst.

Außer für die Klausel EXW, benannter Ort, Incoterms® 2020 enthalten die weiteren Klauseln unter den Ziffern A2/B2 des Pflichtenkatalogs für Verkäufer und Käufer die Bemerkung, dass der Verkäufer die Ware wie vereinbart dem Käufer zur Verfügung stellt oder sie dem Käufer beschafft. Mit dem Terminus *Beschaffen* gehen die Incoterms® 2020 auf die Möglichkeit ein, Ware während des Transports weiter zu verkaufen. Nicht unüblich ist dies bei Rohstoffen. In Fällen des Weiterverkaufs kann der Verkäufer die Ware nicht zur Verfügung stellen; sie ist ja bereits auf dem Weg. Aber er kann sie dem Käufer beschaffen, indem er ihm Dokumente zur Verfügung stellt, wie ein Konnossement. Damit kann der Käufer nun selbst als Verkäufer auftreten und die Ware mit den entsprechenden Dokumenten handeln.

In den Pflichten A4/B4 wird der Verkäufer ausdrücklich verpflichtet alle vorgeschriebenen Sicherheitsanforderungen für den Transport umzusetzen.

Für beide, Verkäufer und Käufer, ändert sich bei den Klauseln FCA, DAP, DPU und DDP, benannter Ort, Incoterms® 2020, dass sie nun mit eigenen Mitteln den Transport organisieren können, wenn es sich anbietet. Die älteren Versionen der Incoterms® hingegen gingen davon aus, dass der Käufer einen Transportdienstleister beauftragt.

Markant ist die Änderung bei der Klausel CIP für die Pflicht A5, eine Versicherung abzuschließen. Der Verkäufer muss nun eine All-Risk-Versicherung abschließen, die einen umfassenden Versicherungsschutz für den Käufer beinhaltet.

Neu ist auch bei der Klausel FCA die Einführung der Pflicht B6 des Käufers, seinen Frachtführer anzuweisen, dem Verkäufer ein Bordkonnossement auszustellen, wenn dies so vereinbart war. Diese Vereinbarung könnten die Handelspartner auch unabhängig von den Incoterms® 2020 im Vertrag treffen; nun vermerkt dies auch der Text der Incoterms® 2020. Von Bedeutung ist ein Konnossement mit An-Bord-Vermerk für den Verkäufer, etwa wenn der Handel über ein Akkreditiv abgewickelt wird, bei dem im Hintergrund Banken die Zahlung übernehmen, dafür aber entsprechende Dokumente zur Sicherheit – wie ein Konnossement mit An-Bord-Vermerk – verlangen. Den Verkäufer verpflichtet A6 zur Weitergabe dieses Dokuments an den Käufer.

Die Incoterms® 2020 kommen in den Pflichten A7 dem gestiegenen Sicherheitsbewusstsein entgegen. Der Verkäufer besorgt die Genehmigungen und Dokumente, die für die Ausfuhr vorgeschrieben sind, insbesondere Sicherheitsfreigaben und Warenkontrollen vor der Verladung. Den Käufer unterstützt er auf dessen Verlangen hin bei der Beschaffung von Dokumenten und mit Informationen, die dieser den Vorschriften eines Landes zufolge für die Einfuhr von Waren und falls zutreffend für Transit benötigt – insbesondere die Sicherheitsfreigaben.

In den Pflichten A9/B9 hat die ICC nun die Kosten für beide Parteien aufgeführt. Zuvor waren die Kosten im Pflichtenkatalog verstreut genannt. Mit dieser eher redaktionellen Änderung ist nun gut nachvollziehbar, welche Kosten bei den jeweiligen Klauseln auf Verkäufer und Käufer zukommen.

Augenfällig, aber inhaltlich nicht dramatisch, ist die Umbenennung der Klausel DAT zu DPU, benannter Ort, Incoterms® 2020. Vormals DAT sah ein Terminal als zu benennenden Ort vor. Mit Terminal konnte indes vieles gemeint sein, der Begriff wurde nicht scharf verwendet. Nun wurde DAT zu DPU, benannter Ort, Incoterms® 2020, das vom Prinzip her keinen erkennbaren Unterschied zu DAT hat. Allerdings ist die mit dem U im Kürzel DPU, benannter Ort, Incoterms® 2020 angedeutete Bestimmung unloaded nicht verkehrt. Immerhin unterstreicht jetzt bereits das Kürzel der Klausel, dass der Verkäufer ausnahmsweise verpflichtet ist, die Ware entladen zur Verfügung zu stellen.

## 5.3 Incoterms® 2020 im Vertrag

Die Incoterms® 2020 betreffen Waren – ausschließlich physische Handelswaren, nicht etwa Dienstleistungen oder beispielsweise künstlerische Auftritte – wenn etwa eine Musikgruppe ihr Equipment transportieren lässt. Auch Lieferungen, die in Zusammenhang mit Dienstleistungen stehen, fallen nicht unter den Anwendungsbereich der Incoterms® 2020. Wenn ein Architekt per Kurier seine Pläne an einen Bauherrn schickt, so ist doch die eigentliche Leistung die Idee des Architekten, die honoriert wird. Damit fällt sie nicht unter den Anwendungsbereich der Incoterms® 2020. Angenommen der Architekt würde mit alten Bauplänen handeln, vergleichbar mit antiquarischen Landkarten, dann wären die Incoterms® 2020 wiederum anwendbar: Es handelt sich jetzt wieder vorrangig um den Handel mit einer physischen Ware, nicht um eine Dienstleistung. Natürlich lässt sich dies auch philosophisch formulieren: Die Handelsklauseln betreffen alle äußeren Eigenschaften des Handelsgeschäfts, nicht die inneren Werte – somit betreffen sie alles, was sich zweifelsfrei feststellen lässt, etwa Menge, Zustand oder Informationen über Zeitpunkt und Ort einer Lieferung – alles Messbare und unmittelbar Nachweisliche. Ob der Käufer seine Erwartungen an das Geschäft erfüllt sieht oder womöglich zurecht enttäuscht ist, ob also Qualitätsanforderungen wie vereinbart erfüllt sind, dies ist Gegenstand der Vertragsauslegung, im Zweifel vor Gericht.

Um eine der elf Incoterms® 2020-Klauseln wirksam in einen Vertrag aufzunehmen, muss:

1) die entsprechende Klausel ausdrücklich in einem Vertrag genannt werden,
2) unbedingt der Ort genau benannt werden, an dem eine Ware vom Verkäufer in die Obhut des Käufers übergeht sowie
3) der Begriff Incoterms® und das Jahr der Version angeführt werden, auf die die Vertragspartner Bezug nehmen.

In der Einleitung des offiziellen Regelwerks sind insgesamt 78 Anmerkungen aufgeführt, die für die Incoterms® 2020-Klauseln gelten.

Ist die Ortsangabe mehrdeutig oder fehlt ganz, kann dies zu Lasten einer der Parteien gehen:

**Beispiel**

*Die Hinz GmbH hat mit der Kunz AG vertraglich vereinbart, dass eine Ware gemäß CPT Werk Duisburg, Incoterms® gehen soll. Ab Duisburg übernimmt die Kunz AG die Ware von der Hinz GmbH.*

An der Vereinbarung, wenn sie so wie hier formuliert ist, können zwei Details für Ärger sorgen:
In der Formulierung CPT, Duisburg, Incoterms® fehlt die Jahresangabe der Version. Präzise wäre die Formulierung CPT Incoterms® 2020. Mit den Revisionen der Klauseln wurden im Laufe der Jahrzehnte auch die Inhalte der Klauseln modi-

fiziert. Lassen die Vertragspartner die Version offen, so ist im Zweifel unklar, wer was zu tun hatte. Das heißt, im Zweifel entscheidet ein Gericht die Unklarheit und wird womöglich die aktuelle Version der Incoterms® 2020 unterstellen.

Darüber hinaus ist die Ortsangabe nicht eindeutig, wenn die Kunz AG in diesem Beispiel mehrere Anlaufstellen hat. Ist der Ort der Übergabe nicht eindeutig genannt, dann hat der Verkäufer seine Pflicht erfüllt, wenn er zur richtigen Zeit in Duisburg an einem Werk der Kunz AG war. Wenn der Käufer zur selben Zeit an einem anderen Ort, etwa an einem anderen Werk, auf seine Ware gewartet hatte, dann kommt er in der Regel für die Mehrkosten auf, die nun entstehen. Mehrkosten bedeuten aber zumeist Ärger zwischen Verkäufer und Käufer. Beim Stichwort benannter Ort kommt es übrigens auch auf die praktischen Gegebenheiten an: Soll etwas an ein größeres Werk an einen überschaubaren Ort geliefert werden, ist es oft eindeutig, wo genau ein Lkw hinfahren muss. Hier können auch Gewohnheiten hineinspielen: Wenn es sich bei der Hinz GmbH in Dortmund und der Kunz AG aus Duisburg um Handelspartner mit lang eingespielter Übung handelt, kann in diesem Falle Duisburg als Angabe vielleicht reichen.

Jetzt noch angenommen, im Vertrag stünde als benannter Ort Duisburg-Ruhrorter Häfen. Das ist immer noch nicht präzise, der Hafen ist groß. Weiter angenommen, dass es sich um Schiffsfracht handelt und die Klausel CFR Incoterms® 2020 vereinbart wurde, die sich auf den Handel per Schiff bezieht: Dann regelt die Klausel auch, wer wen über Ankunftszeit und -ort im Hafen informiert. Hier spielt als praktische Gegebenheit hinein, dass die Ankunft eines Schiffes bei Vertragsschluss nicht unbedingt haarklein detailliert werden kann.

Dennoch: Bei der Aufnahme einer Incoterms®-Klausel sollte stets auf folgende Form geachtet werden: Klausel, benannter Ort, Version. Zum Beispiel:

*(…) Lieferung CPT, Speicherstraße Dortmund, Incoterms® 2020 (…).*

## 5.4 Pflicht und Nebenpflicht

Von oben nach unten lassen sich die Incoterms® 2020 lesen wie eine Liste der Zunahme von Pflichten für den Verkäufer und zugleich der Abnahme von Pflichten für den Käufer. Es fängt mit EXW, benannter Ort, Incoterms® 2020 gewissermaßen bei fast Null für den Verkäufer und nahe 100 für den Käufer an. Zu Kostenübernahme und Risikoübergang beim Transport kann – mit Einschränkungen bei den sogenannten C-Klauseln – als Faustformel gelten: Wer das Heft des Handelns in der Hand hält, der zahlt und zittert.

## 5.4 Pflicht und Nebenpflicht

Neben Kostenübernahmen für den Transport enthalten die Incoterms® 2020 eine Reihe von weiteren Pflichten für den Verkäufer und den Käufer. Allein eine Ware zu transportieren reicht natürlich nicht. Am Transport hängen viele Details, wie die Ausstellung von Transportdokumenten, die Erledigung von Aus- und Einfuhrformalitäten oder die transportgerechte Verpackung und Warenprüfung bei Übergabe. In dem Beispiel oben sollte die Hinz GmbH die Kunz AG auch informieren, wann die Ware am vereinbarten Ort ankommt. Hätte sie es nicht getan, hätte sie gegen eine in der Klausel enthaltene Pflicht verstoßen und entsprechend eventuelle Mehrkosten zu tragen. In der offiziellen Veröffentlichung der ICC folgt der Aufführung jeder Klausel eine Liste mit den Pflichten der Vertragspartner. Unter den Überschriften A Verpflichtungen des Verkäufers und B Verpflichtungen des Käufers listet die ICC für jede Partei zehn Punkte von A1 bis A10 für den Verkäufer und B1 bis B10 für den Käufer auf der anderen Seite auf, mitsamt der Erläuterung, was darunter für die betreffende Klausel zu verstehen ist. Die Pflichten konkretisieren den spröden Wortlaut der Incoterms® 2020-Klauseln. Sie bestimmen insbesondere, ob ein Risiko ordnungsgemäß vom Verkäufer auf den Käufer übergegangen ist. Wird eine der vereinbarten Pflichten mangelhaft erfüllt und entsteht darum ein Schaden, so haftet der Verursacher – wenn etwa eine Ware so unsachgemäß für den Transport verpackt wurde, dass ein Schaden vorgezeichnet war.

Die zehn Punkte lauten:

| A Verpflichtungen des Verkäufers | B Verpflichtungen des Käufers |
|---|---|
| *1. allgemeine Verpflichtungen* | *1. allgemeine Verpflichtungen* |
| Dass sich die Incoterms® auf Physisches – auf die äußeren Aspekte – beziehen, spielt auch in die Aufzählung dieser Verpflichtungen hinein. Wenn es um Eindeutigkeit geht, liegt es ja auf der Hand, sich auf alles Messbare oder zweifelsfrei Nachweisbare zu konzentrieren. Für den ersten der zehn Punkte des Katalogs A1 und B1 bedeutet dies ganz allgemein, die Ware muss wie vereinbart bereitgestellt und bezahlt werden. Fast könnte die lapidare Beschreibung lauten: Der eine liefert, der andere zahlt. Fast, denn darüber hinaus hat der Verkäufer alle erforderlichen Konformitätsnachweise zu erbringen. Dies kann in herkömmlicher Weise als Papierdokument oder digital geschehen. Die Formulierung der ersten Pflicht ist bei allen Klauseln gleich. ||
| *2. Lieferung* | *2. Übernahme* |
| Die Ziffern A2 und B2 des Pflichtenkatalogs der Incoterms® 2020 behandeln die Lieferung und Übernahme der Ware. Hierbei geht es nicht nur um Selbstverständlichkeiten, sondern auch darum, wo genau Lieferung und Übernahme stattfinden bzw. was gilt, wenn die Vertragspartner nicht ins Detail gegangen sind. ||

| 3. Gefahrenübergang | 3. Gefahrenübergang |
|---|---|
| Was wann passiert ist, stellt eine zentrale Frage bei den Incoterms® 2020 dar – die Frage des Gefahrenübergangs. Sie wird in A3 und B3 behandelt und ist aus Sicht des Verkäufers meist schnell erläutert: Er trägt alle Gefahr des Verlusts oder der Beschädigung bis zur Lieferung, wobei die F-Klauseln hier noch differenzieren. ||
| 4. Transport | 4. Transport |
| Wenn es um Transport geht, sollten die Incoterms® 2020 folgerichtig auch die Frage behandeln, wer sich um den Transport kümmert. Hier ist die Frage gemeint, ob eine der Parteien einen Beförderungsvertrag abschließen muss. ||
| 5. Versicherung | 5. Versicherung |
| Wenn es schief geht, wer hat dafür gesorgt, dass eine Versicherung einspringt? A5 regelt Informationspflichten, wenn eine der beiden Parteien eine Versicherung abschließen möchte. Verpflichtend, überhaupt eine Versicherung abzuschließen, ist dies bei den Klauseln CIF und CIP, benannter Ort, Incoterms® 2020 ||
| 6. Liefer-/Transportdokumente | 6. Liefer-/Transportdokumente |
| Die Frage, wer für Transportdokumente sorgt – klassisch aus Papier oder, wo es angebracht ist, elektronisch – und welcher Art diese sein müssen, regeln die Ziffern A6 und B6. Alle Klauseln verpflichten den Käufer, die Dokumente als Liefernachweis anzunehmen. Der Käufer kann also nicht einfach die Annahme verweigern, weil er – warum auch immer – vom Kauf Abstand nehmen will. ||
| 7. Ausfuhr-/Einfuhrabfertigung | 7. Ausfuhr-/Einfuhrabfertigung |
| Wer übernimmt den Papierkrieg für Ausfuhr, Einfuhr und Genehmigungen? Und wer übernimmt die Gewähr für die Richtigkeit der Dokumente und damit auch die Kosten, wenn es aufgrund fehlerhafter Dokumente zu Komplikationen kommt? Hier geht es auch um das Thema Sicherheit. Besser gesagt darum – vornehmlich im Außenhandel – die für Sicherheitsüberprüfungen nötigen Informationen zu verschaffen. Beispiele für sicherheitssensible Waren wären elektronische Steuerungen für Kettenfahrzeuge. Der Verkäufer muss demnach dem Käufer alle Informationen und Dokumente beschaffen, die dieser benötigt, um eine Ware zu importieren. Oder die nötig sind, um die Ware durch Transitländer zu transportieren. Kosten, die dem Verkäufer bei der Informationsbeschaffung entstehen, übernimmt der Käufer. Umgekehrt gibt der Käufer alle Informationen an den Verkäufer, die dieser benötigt, um die Ware ordnungsgemäß exportieren zu können. Zudem, wenn der Verkäufer die Ware selbst grenzüberschreitend transportieren soll, stellt ihm der Käufer alle Dokumente und Informationen zur Verfügung, die der Verkäufer für den Transit benötigt. Die Kosten für die Informationsbeschaffung kann er dem Verkäufer in Rechnung stellen. ||
| 8. Prüfung – Verpackung – Kennzeichnung | 8. Prüfung – Verpackung – Kennzeichnung |
| Rohe Eier sind kein Schüttgut und Erdgas füllt niemand in Papiertüten ab. Ware muss also zweckmäßig und vereinbarungsgerecht verpackt werden, das heißt für den Transportweg geeignet. Zudem benötigt eine Lieferung Angaben über Gewicht und vorgeschriebene Kennzeichnungen. Nicht zuletzt muss es einen objektiven Nachweis über die Qualität der Ware geben. Diese Aspekte sind Inhalt der Ziffern A8 und B8 ||
| 9. Kostenverteilung | 9. Kostenverteilung |

## 5.4 Pflicht und Nebenpflicht

Wer den Transport besorgt, muss ihn bezahlen. Jedenfalls so ungefähr, aber nicht ganz. A9 und B9 verpflichten Verkäufer und Käufer den Transport auf dem Abschnitt zu zahlen, für den sie zuständig sind. Daran sind allerdings auch Kosten für Ent- und Beladung geknüpft, etwa wenn die Ware im Hafen verladen oder in einem Terminal umgeschlagen wird. A9 und B9 regeln auch, wer zahlt, wenn der Transport ins Stocken gerät, beispielsweise weil das angekündigte Transportmittel zur vereinbarten Zeit nicht erscheint.

| 10. Benachrichtigungen | 10. Benachrichtigungen |
|---|---|

Was, wann, wo und wer? Das sind die entscheidenden Fragen im Zusammenspiel der Incoterms®-Pflichten 2020. A10 und B10 definieren, was sich Verkäufer und Käufer gegenseitig an Information übermitteln müssen, um das Transportgeschehen in Gang zu setzen und zu halten.

# Übersicht und Erläuterung der Klauseln 6

Die nachfolgenden Seiten gehen Schritt für Schritt und ausführlich auf die Incoterms® 2020 ein. Die Verwendung von Beispielen erläutert anschaulich, wann sich der Gebrauch einer Incoterms® 2020-Klausel anbietet oder auch besser nicht. Die Incoterms® 2020 bilden vier Gruppen, deren Systematik und Eigenheiten erläutert werden und wiederum die Eigenheiten der einzelnen Klauseln innerhalb ihrer Gruppe.

### Beispiel

*Der Vertriebsmitarbeiter der Stahlhandel Brammencoil GmbH schenkt sich zufrieden einen dampfenden Kaffee ein. Gestern hat er den Vertrag über die Lieferung von 20 Tonnen Stahl in Form von Brammen an das Unternehmen Parsteel mit Sitz in Teheran/Iran abgeschlossen. Heute konnte er wieder 20 Tonnen Brammen Stahl verkaufen, nämlich an die Türksaç in Istanbul/Türkei. Brammencoil selbst sitzt mit Verwaltung, Produktion und mehreren Lagern in Dortmund und Umgebung – glücklich, den Niedergang von Kohle und Stahl im Ruhrgebiet überlebt zu haben.*

*Nun müssen noch die Details des Handels geklärt werden. Unter anderem natürlich die Frage, wie kommt der Stahl nach Teheran und nach Istanbul? Eine Möglichkeit wäre, die Parsteel und die Türksaç holen ihn ganz einfach in Dortmund ab. Eine andere, Brammencoil bringt den Stahl nach Istanbul und nach Teheran zu den Vertragspartnern bis auf den Werkshof. Die erste Möglichkeit* ließe sich etwa mit der Klausel *FCA, benannter Ort, Incoterms® 2020* abbilden, die zweite z. B. mit der Klausel *DAP, benannter Ort, Incoterms® 2020*. Natürlich können zweimal 20 Tonnen Ladung auch klüger transportiert werden. Etwa mit einem Transport zu einem Mittelmeerhafen und von dort nach Istanbul, wo die Transporte wieder aufgeteilt werden: Einer geht ans Werk Türksaç, der andere in den Iran zu Parsteel. Dann bietet sich beispielsweise an, die Klauseln *FOB, benannter Hafen, Incoterms® 2020* oder *FAS, benannter Hafen, Incoterms® 2020* im Vertrag festzuschreiben. Die Transporte können als Containerfracht oder als Stückgut erfolgen.

*Die Vertragsparteien versuchen auch beim Transport für sich möglichst günstige Bedingungen auszuhandeln. Für Brammencoil kann es günstig sein, diese und noch weitere Transporte zu kombinieren, auch zum Vorteil von Türksaç; aber Parsteel vertraut dem neuen Vertragspartner vielleicht noch nicht so recht und möchte die Ware gern bis an die iranische Landesgrenze gebracht haben.*

Welche Klausel am sinnvollsten in den Vertrag einfließt, ist eine Frage an den Transportweg und an die Unternehmenspolitik. Die Klauseln wirken hier wie Gestaltungsvorgaben für die Logistik, die je nach den Vertragszwecken zu möglichst geeigneten und unmissverständlichen Konstellationen und Absprachen führen. So gibt es Unternehmen, die sich alles verzollt und versteuert auf das Werksgelände liefern lassen, ungeachtet der Kosten, was der Klausel *DDP, benannter Ort, Incoterms® 2020* entspricht. Andere Unternehmen holen die Ware lieber ab und organisieren Transporte im Sinne der Klausel *EXW, benannter Ort, Incoterms® 2020*. Sie bewältigen den ganzen organisatorischen Aufwand, halten aber auch alle Gestaltungsspielräume in der Hand. Wieder andere Unternehmen sind daran interessiert, bereits während des Transports mit Waren zu handeln, was bei Rohstoffen nicht unüblich ist. Hier könnten sich Klauseln für den Transport per Schiff, wie *FAS, benannter Hafen, Incoterms® 2020*, gut eignen.

Es finden sich in der Praxis ungezählte Beispiele, in denen die Parteien aus Gewohnheit oder Kulanz Aufgaben erfüllen, die gemäß der gewählten Klausel gar nicht die ihren waren. Das ist schön und gut und schadet ja auch vordergründig niemandem. Ärgerlich wird es aber, wenn eine Aufgabe schlecht erfüllt wurde und die andere Partei reklamiert. Dann können beide zusehen, wie sie sich einigen, nachdem sie zwar eine Klausel vereinbart, sich aber nicht an sie gehalten haben.

Im Folgenden soll am Beispiel Brammencoil aus Dortmund das Für und Wider der einzelnen Incoterms® 2020-Klauseln durchgespielt werden.

## 6.1 Liste der Incoterms® 2020 (Tab. 6.1)

**Tab. 6.1** Incoterms® 2020 mit Klauseln und Ort

| Klausel | Ort |
|---|---|
| EXW – Ex Works (ab Werk) | vereinbarter Lieferort |
| FCA – Free Carrier (frei Frachtführer) | vereinbarter Lieferort der Übergabe an den Frachtführer |
| FAS – Free Alongside Ship (frei längsseits Schiff) | vereinbarter Verschiffungshafen |
| FOB – Free On Board (frei an Bord) | vereinbarter Verschiffungshafen |
| CFR – Cost And Freight (Kosten und Fracht) | vereinbarter Bestimmungshafen – verschieden vom Lieferort |
| CIF – Cost Insurance Freight (Kosten, Versicherung und Fracht) | vereinbarter Bestimmungshafen – verschieden vom Lieferort |
| CPT – Carriage Paid To (frachtfrei) | vereinbarter Bestimmungsort – verschieden vom Lieferort |
| CIP – Carriage Insurance Paid to (frachtfrei, versichert) | vereinbarter Bestimmungsort – verschieden vom Lieferort |
| DAP – Delivered At Place (geliefert benannter Ort) | vereinbarter Lieferort im Einfuhrland – zugleich Bestimmungsort |
| DPU – Delivered at Place Unloaded (geliefert benannter Ort, entladen) | vereinbarter Lieferort im Einfuhrland, entladen – zugleich Bestimmungsort |
| DDP – Delivered Duty Paid (geliefert verzollt) | vereinbarter Lieferort im Einfuhrland – zugleich Bestimmungsort |

## 6.2 Die Abholklausel EXW (Ex Works)

Die Klausel EXW, benannter Ort, Incoterms® 2020 bestimmt, dass der Käufer den Hauptlauf des Transports organisiert. EXW wird auch als Abholklausel bezeichnet: Der Verkäufer muss, etwas salopp gesagt, nur warten, bis die Ware abgeholt wird. In vielen Fällen ist diese Klausel problematisch; sie öffnet dem Käufer aber den Spielraum, seine Transporte just-in-time zu gestalten. So kann es für Unternehmen, die ihre Supply Chain eng abstimmen, sehr hilfreich sein, die Klausel EXW, benannter Ort, Incoterms® 2020 in einem Vertrag festzuschreiben. Andererseits übernimmt der Käufer sehr früh in der Transportkette das Risiko für die Ware (Abb. 6.1).

Bei der Klausel EXW, benannter Ort, Incoterms® 2020 stellt der Verkäufer Ware zur Verladung auf ein Transportmittel zur Verfügung, das der Käufer organisieren, beladen lassen und bezahlen muss. Ein Beispiel für den Einsatz dieser Klausel ist der Lebensmittelhandel: Dort ist es nicht unüblich, dass Fahrer an der Rampe eines Werks die Ware in ihren Lkw laden, ohne weiteres Zutun des Verkäufers. Das

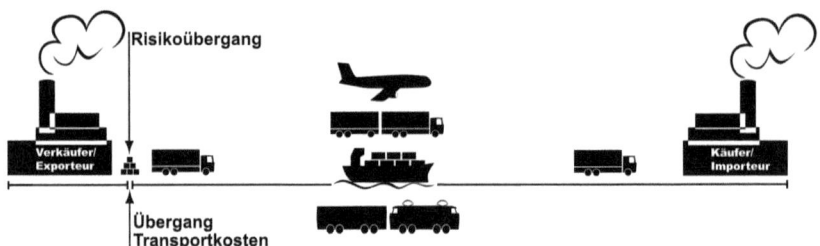

**Abb. 6.1** Risiko- und Kostenübergang EXW. (Grafik: Udo Steinmetz)

bedeutet, das Risiko für die Ware trägt der Käufer, sobald er sie am vereinbarten Ort, transportgerecht verpackt und zur vereinbarten Zeit – typischerweise ab Werk – abholen kann. Ein bisschen mehr als nur irgendwo eine Palette hinzustellen, muss der Verkäufer dann doch tun: Er muss seinem Geschäftspartner mitteilen, dass er seinen Frachtführer losschicken kann und er muss selbstverständlich Sorgfaltspflichten beachten. Er sollte also etwa keine Palette mit Waschmittel bei Regenwetter in den Hof stellen.

## A2 und B2 – Lieferung und Übernahme

Für die Klausel EXW, benannter Ort, Incoterms® 2020 gilt kurz und bündig, der Verkäufer stellt die Ware am benannten Ort und zum vereinbarten Zeitpunkt zur Verfügung und ist damit fertig.

Wurde ein Zeitraum vereinbart statt eines genauen Zeitpunkts, stellt der Verkäufer die Ware innerhalb dieses Zeitraums zur Verfügung. Nun ist der Begriff des Ortes nicht unbedingt präzise. Ist als Ort Brammencoil Dortmund genannt, so ist damit noch nicht klar, an welcher Stelle dieses Ortes genau die Ware zur Abholung zur Verfügung steht. Wurde keine Stelle ausgehandelt, stellt der Verkäufer die Ware an einer zweckmäßigen Stelle ab. Im Übrigen informiert der Verkäufer den Käufer über den Ort bzw. die Stelle, die Zeit, eventuelle Eigenheiten der Ware – etwa für temperaturgeführte oder Tiertransporte – kurzum alles zur Abholung Notwendige.

Der Käufer holt bei EXW, benannter Ort, Incoterms® 2020 die Ware ab, wenn sie bereit steht, was auch das Aufladen beinhaltet. Das klingt lapidar; allerdings ist diese Pflicht kein zufälliger Nebensatz im System der Handelsklauseln, wie das folgende Beispiel illustriert.

> **Beispiel**
>
> *Brammencoil stellt die 20 Tonnen Stahl Anfang der 30. Kalenderwoche zur Abholung für Türksaç in einem seiner Lager in Dortmund bereit und teilt dies seinem Kunden mit. Die 30. Kalenderwoche war der vereinbarte Zeitraum, in dem Lieferung und Abholung erfolgen sollen. Mitte der Woche stellen Mitarbeiter im Lager andere Lieferungen vor den Stahl für Türksaç. Ende der Woche kommt der Lkw für Türksaç, um die 20 Tonnen abzuholen. Die Ware steht nun zwar da, aber der Käufer kann sie nicht aufladen, weil er nicht an sie herankommt. Stand die Ware nun bereit oder nicht? Nach EXW, benannter Ort, Incoterms® 2020 musste Brammencoil sicherstellen, dass der Käufer den Stahl auch aufladen kann. So gesehen ist das Dortmunder Unternehmen seiner Pflicht nach Ziffer A2 nicht nachgekommen.*

## A3 und B3 – Gefahrenübergang

Was passiert wann, ist eine der zentralen Fragen bei den Incoterms® 2020. Die Frage des Gefahrenübergangs wird in A3 und B3 behandelt und ist aus Sicht des Verkäufers schnell erläutert: Er trägt alle Gefahr des Verlusts oder der Beschädigung bis zur Lieferung.

Bei EXW, benannter Ort, Incoterms® 2020 trägt der Käufer alle Gefahren des Verlusts oder der Beschädigung ab dem Zeitpunkt der Lieferung, wie für A2 dargestellt, wenn die Ware also im vereinbarten Zeitraum oder -punkt am benannten Ort übernahmebereit zur Verfügung gestellt ist.

> **Beispiel**
>
> *Der Stahl steht auf dem Gelände zur Abholung bereit. Der Frachtführer kommt aber nicht im vereinbarten Zeitraum. Parsteel muss – warum auch immer – den Transport neu organisieren. Dummerweise hat Regenwetter eingesetzt, der Stahl beginnt zu rosten und verliert an Qualität. Dennoch wird Brammencoil auf dem ursprünglichen Verkaufspreis bestehen können, denn die Gefahr trug Parsteel ab Bereitstellung des Stahls zum vereinbarten Termin am vereinbarten Ort.*

Wurde übrigens ein Lieferzeitraum vereinbart, so muss der Verkäufer den tatsächlichen Zeitpunkt der Lieferung mit angemessenem Vorlauf so mitteilen, dass der Kunde die Abholung der Ware rechtzeitig organisieren kann. Klugerweise sollte dieser Vorlauf vertraglich fest gemacht werden.

## A4 und B4 – Transport

Für EXW, benannter Ort, Incoterms® 2020 sind Pflichten für Verkäufer und Käufer erwartungsgemäß gering: Keiner der beiden ist verpflichtet, einen Beförderungsvertrag abzuschließen. In der Praxis wird der Käufer einen Transportvertrag abschließen, sofern er nicht über eigene Transportmittel verfügt.

> **Beispiel**
>
> *Im Beispiel hieße dies, Türksaç und Parsteel organisieren den Transport von der Abholung in Dortmund bis zum Ziel. Über die Einzelheiten, wie die Vertragspartner die Ware transportieren oder ob sie zur Einfuhr in die Türkei oder in den Iran frei sind, macht sich Brammencoil keine Gedanken.*

## A5 und B5 – Versicherungen

Weder Verkäufer noch Käufer sind unter EXW, benannter Ort, Incoterms® 2020 verpflichtet, eine Versicherung für den Transport abzuschließen. Natürlich kann der Käufer eine Transportversicherung abschließen, da er ab Werk des Verkäufers ja den Transport in seine Hand nimmt. Dann ist der Verkäufer auf Verlangen des Käufers auch in der Pflicht, dem Käufer alle Informationen an die Hand zu geben, die dieser für seine Versicherung braucht.

## A6 und B6 – Liefer-/Transportdokument

Der Verkäufer stellt die Ware so ab, dass der Käufer sie abholen kann. Folgerichtig besorgt der Verkäufer kein Transportdokument, das die Lieferung belegt. Dies ist nach Ziffer B6 vielmehr Aufgabe des Käufers; dieser muss dem Verkäufer einen Beleg über die Übernahme der Ware an die Hand geben.

## A7 und B7 – Ausfuhr-/Einfuhrabfertigung

Bei EXW, benannter Ort, Incoterms® 2020 ist es noch Angelegenheit des Käufers, sich die Genehmigungen für Aus- und Einfuhr sowie eventuell für Transits, soweit diese benötigt werden, zu verschaffen, ebenso weitere behördliche Genehmigungen, Sicherheitsfreigaben sowie die Zollformalitäten, was auch zu seinen Aufgaben zählt. Die Klausel bestimmt, dass er dies auf eigene Kosten und Gefahr tut.

Sollte es zu Problemen bei der Aus- oder Einfuhr aufgrund fehlender Genehmigungen kommen, so muss er die Folgen tragen und bezahlen.

Der Käufer kann vom Verkäufer nicht verlangen alles in die Hand zu nehmen, sondern nur, ihn zu unterstützen. Die Kosten und die Gefahr bleiben dabei dennoch an ihm hängen. Sollte der Verkäufer also irrtümlich zum Beispiel eine Genehmigung falsch oder nicht besorgt haben, so trägt der Käufer die Konsequenzen dafür. Was die Ausfuhr außerhalb der EU betrifft, so wird sich der Zoll allerdings immer an den Verkäufer – wenn dieser in der EU beheimatet ist – wenden und unter Umständen belangen.

### Beispiel

*Brammencoil stellt 20t Tonnen Stahl für Türksaç und 20 Tonnen Stahl für Parsteel zur Abholung bereit. Laut Incoterms® 2020 ist damit die Pflicht im Rahmen von EXW, benannter Ort, Incoterms® 2020 erfüllt. Der Zoll sieht dies jedoch anders. Nach den Regeln des Unionszollkodex (UZK) gilt Brammencoil als Ausführer der Ware und muss die Lieferungen Stahl beim Zoll zur Ausfuhr für eine Warenbewegung außerhalb der EU anmelden. Die Zollregeln stehen hier im Widerspruch zu den Incoterms® 2020.*

Im internationalen Handel kommt noch hinzu, dass Unternehmen nur im Heimatland eine Ausfuhrgenehmigung beantragen können, nicht also Unternehmen mit Sitz im Ausland. Im Beispiel kann demnach nur Brammencoil die erforderliche Ausfuhrgenehmigung beantragen. Das ist ja nichts Schlimmes, widerspricht aber der Struktur von EXW, benannter Ort, Incoterms® 2020. Als besser passende Klausel bietet sich hier FCA, benannter Ort, Incoterms® 2020 an.

Für den Käufer bleibt die Pflicht, jeweils vorgeschriebene Warenprüfungen vor der Verladung auf ein Transportmittel zu übernehmen. Ebenso die Warenprüfung, die die zuständige Behörde zur Ausfuhr aus dem Exportland vorschreibt.

## A8 und B8 – Prüfung/Verpackung/Kennzeichnung

Damit der Käufer die Ware abholen und auf sein Transportmittel verladen kann, muss sie sachgerecht zur Verfügung stehen, was Sache des Verkäufers ist. Er nimmt erforderliche Warenprüfungen zur vereinbarten Qualität und zum Zustand der Ware vor, sei es durch dokumentierte Prüfroutinen im eigenen Betrieb, sei es durch Beauftragung eines Prüfingenieurs.

Im Falle von *EXW, benannter Ort, Incoterms® 2020* reicht es für den Verkäufer aus, die Prüfung vor der Bereitstellung der Ware vorzunehmen oder zu veranlassen. Sollte es erforderlich sein, Waren bei grenzüberschreitenden Verkehren bei der Ausfuhr aus dem Exportland erneut zu prüfen oder bei der Einfuhr in ein Land, so muss bei *EXW, benannter Ort, Incoterms® 2020* der Käufer dafür Umstände und Kosten übernehmen. Wiederum dem Verkäufer obliegt die Dokumentation von Gewicht, Maßen und je nachdem die Anzahl der Einzelposten einer Lieferung.

### Beispiel

*Bei Brammencoil wurde die Qualitätsprüfung des Stahls für den Export in den Iran dokumentiert. Sollten iranische Behörden bei der Einfuhr des Stahls erneut eine Warenprüfung fordern, so müsste diese von Parsteel übernommen werden. Wie auch die Überprüfung, ob Angaben zu Gewicht, Größe und Anzahl der Stahlbrammen stimmen.*

Die weiteren Aufgaben des Verkäufers sind Verpackung und Kennzeichnung der Ware. Sie muss so verpackt sein, dass sie den Transport unbeschadet übersteht. Sensible Güter beispielsweise müssen für den Transport in Containern wirkungsvoll gegen Stöße und Rempeleien gewappnet werden, die beim Verladen der Container vorkommen. Auch muss sichergestellt werden, dass zum Beispiel kein eindringendes Meerwasser die Ware beschädigt. Der Verkäufer muss die Ware handelsüblich für den Transportweg geeignet verpacken. Also Luftfrachtverpackung bei einer Luftfrachtsendung, Seefrachtverpackung bei einer Seefrachtsendung usw. Es sei denn, der Käufer verlangt etwas anderes.

Wie die Ware im Einzelnen verpackt wird, entscheidet der Verkäufer. Es sei denn, der Käufer hat ihm bei Vertragsschluss mitgeteilt, dass besondere Verpackungen nötig sind. Dies könnten Seekisten statt Container sein, oder der Käufer will die Ware als Luftfracht transportieren.

Die Kennzeichnungen der Ware beziehungsweise der Verpackung übernimmt ebenfalls der Verkäufer. Im Beispiel der Lieferung des Stahls in den Iran müsste

Brammencoil Kennzeichnungen und Beschriftungen mit persischen Schriftzeichen versehen lassen – oft wird dieser Job von kundigen Dienstleistern ausgeführt.

## A9 und B9 – Kostenverteilung

Bei der Klausel *EXW, benannter Ort, Incoterms® 2020* sind die Kosten für den Verkäufer überschaubar. Er zahlt alle Transportkosten bis zur vertragsgemäßen Lieferung, wie in Ziffer A2 beschrieben. Das heißt hier, er stellt die Ware so ab, dass der Käufer sie auf sein Transportmittel laden und davonfahren kann.

Am Käufer bleiben also alle weiteren Kosten, sofern sie den Transport der Ware betreffen, hängen. Aber es kann noch darüber hinausgehen, wenn der Käufer die Ware nicht übernommen hat, obwohl sie zur Verfügung stand. Etwa wenn ein Frachtführer die Ware nicht auflädt.

**Beispiel**

*Angenommen, Brammencoil stellt nun die 20 Tonnen für Parsteel auf einem seiner Lager bereit, sagt Parsteel Bescheid und wartet auf dessen Frachtführer. Bis dieser ankommt, machen die Lageristen eine große Lieferung an einen anderen Kunden fertig. Der Lagerplatz für die 20 Tonnen an Parsteel ist für diese Lieferung einkalkuliert und die Mitarbeiter verlassen sich darauf, dass sie den Lagerplatz bald neu belegen können. Parsteels Frachtführer kommt, aber aufgrund eines Missverständnisses hat er keine Ladevorrichtung an seinem Lkw. Also lädt er die Ware nicht auf. Im Endeffekt werden die Mitarbeiter von Brammencoil den Lkw beladen, damit sie den Lagerplatz frei haben. Das ist nicht im Sinne der Klausel EXW, benannter Ort, Incoterms® 2020, aber gängige Praxis.*

*Nun einmal angenommen der Frachtführer Parsteels kommt mit einem ungeeigneten Lkw. Dann kann die Ware nicht aufgeladen werden und bei Brammencoil bricht Hektik aus. Denn nun müssen die Lagermitarbeiter kunstvoll rangieren, damit sie die nachfolgende Lieferung bereitstellen können. Konstellationen dieser Art können zwischen Verkäufer und Käufer zu verärgerten Diskussionen führen, wenn wie hier wichtige Lagerfläche über Gebühr belegt bleibt. Die Kosten für den Aufwand, der nun für Brammencoil entsteht, geht laut EXW Incoterms® 2020 zulasten von Parsteel. In der Regel wird Brammencoil als Verkäufer keine Verladekosten in seinen Verkaufspreis einkalkuliert haben, wenn EXW im Vertrag steht. Teure Ladevorgänge mit einem Kran würden demzufolge den Gewinn des Verkäufers schmälern.*

Der Käufer zahlt auch für Mehrkosten, wenn er es versäumt hat, den Verkäufer über sein oder des Frachtführers Kommen zu informieren. Allerdings gilt hierbei ein Aspekt, der sich durch alle Klauseln durchzieht: Der Käufer kommt dann für die Mehrkosten auf, wenn die Ware bereitstand und eindeutig als die vertraglich vereinbarte zu erkennen war. Anders ausgedrückt, wenn der Verkäufer alles Nötige erledigt hat und es wirklich nur noch am Käufer lag, dass er die Ware abgeholt hätte.

Wenn der Transport Landesgrenzen überschreitet, kommen für die fälligen Kosten für Zollformalitäten, Zölle, Steuern und andere Abgaben bei EXW, benannter Ort, Incoterms® 2020 auf den Käufer zu, ebenso die Kosten für Genehmigungen und Sicherheitsfreigaben, wie sie unter Ziffer B7 beschrieben wurden.

## A10 und B10 – Benachrichtigungen

Ziffer A10 und B10 bestimmen, worüber sich Verkäufer und Käufer gegenseitig informieren müssen. Die Formulierung der Informationspflicht des Verkäufers bei *EXW, benannter Ort, Incoterms® 2020* klingt, als wolle sie den auch sonst einfach gehaltenen Pflichten unter EXW, benannter Ort, Incoterms® 2020 stilistisch Rechnung tragen. Der Verkäufer, lautet es in dem Pflichtenkatalog, sagt dem Käufer alles, was er wissen muss, um die Ware übernehmen zu können. Zum Glück weiß der Verkäufer in aller Regel, was darunter zu verstehen ist: Zeitpunkt der Bereitstellung, Ort und je nach dem die genaue Stelle sowie Besonderheiten und Beschaffenheiten der Stelle, an der die Ware bereitsteht. Wurde ein Lieferzeitraum vereinbart, so muss der Verkäufer den tatsächlichen Zeitpunkt der Lieferung so mitteilen, dass der Kunde die Abholung der Ware rechtzeitig organisieren kann.

### Beispiel

*Vereinbart war die Lieferung in der 30. Kalenderwoche. Von Brammencoil geht Freitag um 16:54 Uhr die Nachricht an Parsteel, der Stahl könne jetzt abgeholt werden. Um 17:00 Uhr geht bei Brammencoil der letzte Mitarbeiter ins Wochenende. EXW, benannter Ort, Incoterms® 2020 verpflichtet zur Information, die den Käufer in die Lage versetzt, die Ware abholen zu können. Das wäre hier natürlich nicht der Fall gewesen.*

## 6.3 F- oder Übergabeklauseln

Bei den F-Klauseln übergibt der Verkäufer die Ware dem Frachtführer des Käufers, dadurch haben sie sich die Bezeichnung Übergabeklauseln erworben. Der Käufer trägt die Kosten für den Hauptlauf des Transports und er erledigt die Formalitäten für die Einfuhr. Dafür beschert ihm dieser Aufwand auch die Verfügungsgewalt über entscheidende Stationen des Transports. Die erste der F-Klauseln, FCA, benannter Ort, Incoterms® 2020, betrifft – wie EXW – jede Art von Transport. Die Klauseln FAS, benannter Verschiffungshafen, Incoterms® 2020 und FOB, benannter Verschiffungshafen, Incoterms® 2020 sind nur anwendbar, wenn der Hauptlauf des Transports mit dem Schiff erfolgt – gleich ob See- oder Binnenschiff. Auch wenn FOB, benannter Verschiffungshafen, Incoterms® 2020 schon fast gewohnheitsmäßig, aber trotzdem falsch immer wieder für alle anderen Transportarten Anwendung findet.

*FCA (Free Carrier – Variante 1)*
Etwas mehr als bei EXW, benannter Ort, Incoterms® 2020 muss der Verkäufer tun, wenn FCA, benannter Ort, Incoterms® 2020 im Vertrag steht. Die Ware geht an einem Ort in die Obhut des Käufers über, auf den sich beide geeinigt haben. Die Ware steht dort gewissermaßen zur Abholung bereit, gegebenenfalls frei für den Export; die erforderlichen Ausfuhrformalitäten sind Aufgabe des Verkäufers. Er übergibt die Ware dem Frachtführer, der sie im Auftrag und auf Kosten des Käufers abholt. Bis zum Übergabeort zahlt also der Verkäufer für den Transport, ab dann der Käufer. Eingeführt wurde diese Klausel 1980 als Reaktion auf den da schon schwunghaften Gebrauch von Containern – ein typischer Anwendungsfall ist die Lieferung als Containerfracht – in der Praxis wird diese Klausel bei Seefracht interessanterweise nicht allzu häufig verwendet.

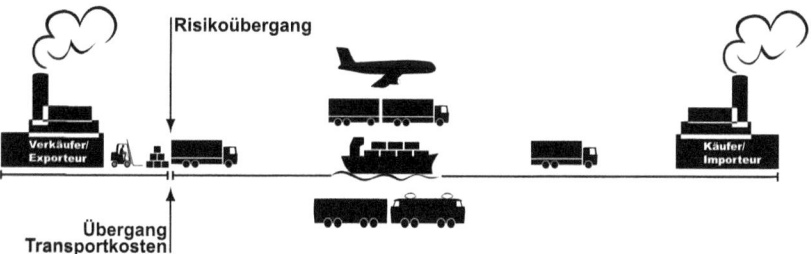

**Abb. 6.2** Risiko- und Kostenübergang FCA Variante 1. (Grafik: Udo Steinmetz)

Eine Besonderheit weist FCA, benannter Ort, Incoterms® 2020 auf: nämlich unterschiedliche Pflichten des Verkäufers je nach Ort des Beladens. Ist als benannter Ort das Werksgelände des Verkäufers vereinbart, so muss dieser die Ware beispielsweise auf den Lkw laden, der im Auftrag des Kunden angerollt kam. Damit und mit der Erledigung der Ausfuhrformalitäten ist seine Pflicht getan. (Abb. 6.2)

*FCA (Free Carrier – Variante 2)*
Angenommen, der benannte Ort ist irgendwo auf dem Weg zum Käufer. Dann muss der Verkäufer die Ware an diesem Ort dem ersten Frachtführer des Käufers oder dem Lkw des Käufers unentladen bzw. zum Abladen bereit zur Verfügung stellen. Der Käufer, oder besser dessen Frachtführer, muss zusehen, wie er die Ware auf das Transportmittel seiner Wahl bekommt. Bei beiden Varianten von FCA, benannter Ort, Incoterms® 2020 gibt es für den Verkäufer nur einen Beladevorgang, den auf seinem Werksgelände. Alle weiteren Ladevorgänge veranlasst der Käufer.

Diese unterschiedliche Handhabung ergibt im Licht der Gegebenheiten Sinn. Auf seinem Werksgelände, wird jeder vermuten, hat der Verkäufer alle Ladevorrichtungen, die für das Beladen mit seiner Ware nötig sind. Auch werden seine Mitarbeiter über die Erfahrung verfügen, wie die Beladung eines Transportmittels am besten vonstattengeht. Und es wird ihm nicht unbedingt recht sein, wenn werksfremdes Personal auf seinem Hof mit Ladeeinrichtungen hantiert. Anders liegt der Fall, wenn der benannte Ort außerhalb des Werks des Verkäufers liegt. Die Gegebenheiten dieses Orts liegen nicht im Bereich seiner Handlungshoheit. Unter Umständen weiß er nicht, welche Ladevorrichtungen vorhanden sind. Also stellt er hier die Ware dem Käufer unentladen zur Verfügung (Abb. 6.3).

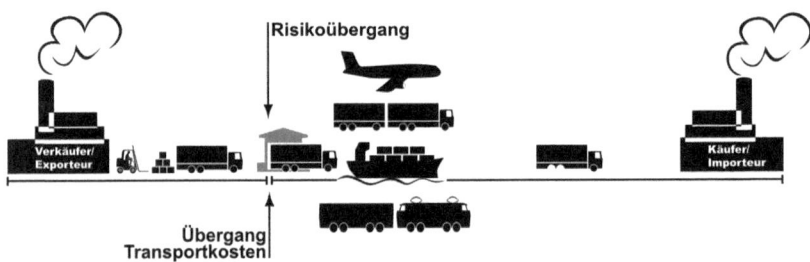

**Abb. 6.3** Risiko- und Kostenübergang FCA Variante 2. (Grafik: Udo Steinmetz)

## 6.3 F- oder Übergabeklauseln

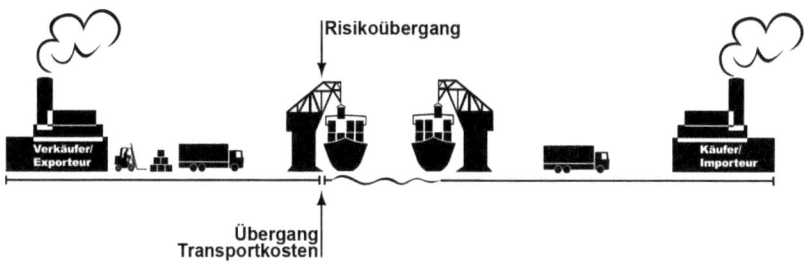

**Abb. 6.4** Risiko- und Kostenübergang FAS. (Grafik: Udo Steinmetz)

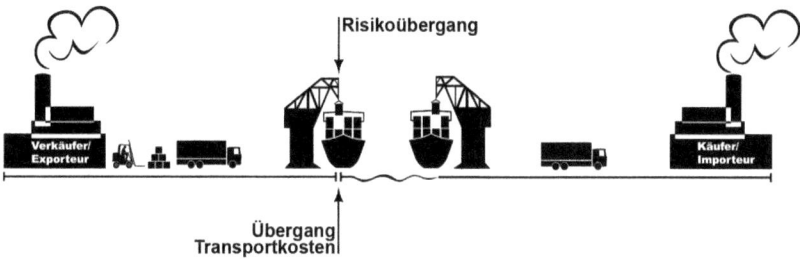

**Abb. 6.5** Risiko- und Kostenübergang FOB. (Grafik: Udo Steinmetz)

*FAS (Free Alongside Ship)*
FAS, benannter Verschiffungshafen, Incoterms® 2020 verlangt vom Verkäufer, dass er die Ware längsseits des Schiffes liefert, das sie im Auftrag des Käufers abholt. Dabei kann die Ware an einen Kai, an dem das Schiff liegt – die trockene Kante – geliefert werden oder es kann ein anderes Schiff längsseits dessen gehen, das auf die Ware wartet. Dann hat der Verkäufer seine Pflicht getan und das Risiko ist ab dem Verladen in den Händen des Käufers. Dieser hat übrigens die Pflicht, den Verkäufer über Ankunftszeit und -ort des Schiffs zu informieren. FAS, benannter Verschiffungshafen, Incoterms® 2020 eignet sich unter anderem gut für den Handel von Massengütern, wie Getreide, Kohle oder Stahl, da hier ein effizienter, kostengünstiger und direkter Umschlag möglich ist (Abb. 6.4).

*FOB (Free On Board)*
Ähnlich verhält es sich mit der altehrwürdigen Klausel FOB, benannter Verschiffungshafen, Incoterms® 2020. Der Verkäufer kümmert sich hier allerdings zusätzlich, anders als bei FAS, benannter Verschiffungshafen, Incoterms® 2020, um die Beladung des Schiffs, das im Auftrag des Käufers angekommen ist. Er haftet für die Unversehrtheit der Ware, die er exportfrei liefert, bis sie – anders als in früheren Versionen – auf dem Schiff abgesetzt ist. Dass das Risiko mit Absetzen der Ware

an Bord auf den Käufer übergeht, also nicht mehr beim Passieren per Kran über die Reling, wird sehr gut bei Roll-on-/Roll-off-Fracht anschaulich: Hier fährt die Ware auf einem Lkw unter der Reling hindurch auf das Schiff. Schwierig wird die Frage des Risikoübergangs bei Containerfracht. Denn der Verkäufer hat praktisch keinen Einfluss auf die Ware im Container, wenn sie einmal in ihm verstaut und der Container verschlossen ist. Insbesondere kann er den Container nur bis zum Terminal am Hafen liefern, er verlädt sie aber nicht auf das Schiff. Ab Lieferung an den Hafen übernimmt der Seefrachtführer die Verladung der Container. Der Verkäufer trägt also das Risiko, bis der Container an Bord abgesetzt ist, hat aber keinen Einfluss auf die Verladung, was der Idee des Risikoübergangs bei den Incoterms® nicht gerecht wird. Besser als die Lieferung FOB, benannter Verschiffungshafen, Incoterms® 2020, wäre bei Containerfracht FCA, benannter Ort oder Hafen, Incoterms® 2020 (Abb. 6.5).

Aufgabe des Käufers ist es, die Einfuhrformalitäten, sofern sie anstehen, zu übernehmen sowie den Transport ab dem benannten Ort zu organisieren und zu bezahlen.

FOB, benannter Verschiffungshafen, Incoterms® 2020 wurde und wird immer noch gerne vereinbart, wenn der Transport per Flugzeug erfolgen soll. Immerhin wird die Ware dann ja an Bord übergeben, wenn auch an Bord eines Flugzeugs. Und in früheren Versionen der Incoterms® gab es auch eine Luftfrachtklausel FOB Airport. Dennoch bleibt dies falsch: FOB, benannter Verschiffungshafen, Incoterms® 2020 ist eine reine Schifffahrtsklausel.

Die Klauseln FAS und FOB, benannter Verschiffungshafen, Incoterms® 2020 sind reine Seefrachtklauseln. Bei Transporten auf Land oder in der Luft haben sie nichts verloren. Die Formulierung ist so streng, weil tatsächlich oft etwa FOB bei allen möglichen Transportarten vereinbart wird. Im Falle eines Schadens können daraus beispielsweise unangenehme Probleme mit der Versicherung folgen.

## A2 und B2 – Lieferung und Übernahme

> **Beispiel**
>
> *Wie auch immer, Türksaç und Parsteel organisieren den Transport des Stahls gemeinsam bis Istanbul. Sie organisieren ein Schiff, das zweimal 20 Tonnen Stahl am Dortmunder Hafen aufnehmen wird.*

Der Verkäufer erfüllt seine Pflicht nach den F-Klauseln, wenn er die Ware dem ersten Frachtführer – je nach Klausel – bereitstellt oder übergibt, den der Käufer

## 6.3 F- oder Übergabeklauseln

schickt. Im Beispiel wäre das der Schiffsführer. Er kann sie auch einer Person übergeben, die der Käufer benannt hat – einem Kurier beispielsweise. Der Kern besteht darin, dass sich Verkäufer und Käufer Vor- und Hauptlauf aufteilen, den Haupt- und auch den Nachlauf übernimmt dabei der Käufer. Vom Verkäufer sind noch der benannte Ort und der vereinbarte Zeitpunkt einzuhalten. Wurde kein Zeitpunkt, sondern ein Zeitraum vereinbart, so übergibt der Verkäufer die Ware innerhalb dieses vereinbarten Zeitraums, wie bei EXW, benannter Ort, Incoterms® 2020. Die Eigenheiten bei den F-Klauseln ergeben sich aus ihren Anwendungsbereichen.

Wurde bei FCA, benannter Ort Incoterms® 2020 das Werk des Verkäufers als benannter Ort vereinbart, so ist die Lieferung abgeschlossen, wenn der Verkäufer die Ware auf das vom Käufer zur Verfügung gestellte Transportmittel verladen hat. Ist der Ort außerhalb des Werks des Verkäufers, so muss er die Ware dem Frachtführer des Käufers oder der vom Käufer benannten Person entladebereit zur Verfügung stellen. Die Übernahmen der Ware besorgt der Käufer.

**Beispiel**

*In der ersten Variante von FCA, benannter Ort, Incoterms® 2020, Abholung der Ware auf dem Werksgelände, hieße dies, Brammencoil lädt die Ware auf das Transportmittel des Käufers. Typisch bei FCA, benannter Ort, Incoterms® 2020 wäre das Verladen von Containerfracht. Die Klausel ist aber auch bei Stückgut oder anderen Warenarten anwendbar.*

*Wenn ein anderer Lieferort benannt wurde, wird Brammencoil die Ware dorthin bringen und zur Entladung bereitstellen. Containerfracht brächte das Unternehmen beispielsweise bis zu einem Terminal in einem Hafen, wo sie entladen wird. Die Entladung und den weiteren Transport veranlasst der Kunde, Türksaç oder Parsteel.*

Innerhalb des benannten Orts wählt der Verkäufer eine zweckmäßige Stelle für die Lieferung. Es sei denn, der Käufer nennt eine für ihn geeignete Stelle. Ein Beispiel für eine unzweckmäßige Stelle wäre ein Goldschmied, der kostbaren Schmuck an einen Kurier übergeben will, aber ein Straßencafé am benannten Ort vorschlägt.

FAS, benannter Verschiffungshafen, Incoterms® 2020 verlangt vom Verkäufer, dass er die Ware längsseits des vom Käufer benannten Schiffes bereitstellt oder sie beschafft. Gegebenenfalls hat der Käufer die Ladestelle im benannten Verschiffungshafen bekannt gegeben. Hat der Käufer dies nicht getan, kann der Verkäufer innerhalb des Verschiffungshafens eine Stelle auswählen, die ihm zweckmäßig erscheint. Die Lieferung muss zum vereinbarten Zeitpunkt oder innerhalb des vereinbarten Zeitraums erfolgen. Innerhalb des vereinbarten Zeitraums kann der

Käufer einen Zeitpunkt wählen, den er dem Verkäufer mitteilt. Die Pflicht des Käufers besteht zu guter Letzt darin, die Ware zu übernehmen.

Die Plichten A2 und B2 gelten für FOB, benannter Verschiffungshafen, Incoterms® 2020 gleichermaßen, mit dem Unterschied, dass der Verkäufer die Ware im benannten Verschiffungshafen an Bord des vom Käufer genannten Schiffes absetzt oder sie beschafft.

### Beispiel

*Brammencoil hat den Stahl für Parsteel im Duisburger Hafen gemäß FOB an Bord eines Schiffes auf den Weg nach Rotterdam gebracht. Zwischenzeitlich nimmt Parsteel die Gelegenheit wahr, den Stahl mit Gewinn weiter zu verkaufen, vereinbart ist die Lieferung gemäß FAS Incoterms® 2020 Port of Rotterdam. Parsteel übergibt statt der Ware die nötigen Dokumente, verschafft dem neuen Eigentümer damit also die Ware ohne sie eigentlich zur Verfügung zu stellen. Die Verladung des Stahls auf ein anderes Schiff veranlasst der neue Geschäftspartner.*

## A3 und B3 – Gefahrenübergang

Wenn der Verkäufer seine Ware geliefert oder sie beschafft hat, wie in A2 beschrieben, ist er die Sorge, dass sie beschädigt wird, los. Die Gefahr geht mit Übernahme der Ware auf den Käufer über. So weit so gut.

Die Klausel FCA, benannter Ort, Incoterms® 2020 erscheint in den zwei Varianten, dass der benannte Lieferort das Werk des Verkäufers ist oder ein Ort außerhalb dessen Werksgelände, z. B. FCA Düsseldorf Airport Incoterms®2020. Im ersten Fall geht die Gefahr auf den Käufer über, wenn die Ware auf dessen Transportmittel verladen wurde; im zweiten Fall, wenn die Ware zur Entladung am benannten Ort bereitsteht.

Wenn der Verkäufer die Ware zum benannten Ort bringt, dort aber niemanden findet, der sie ihm abnimmt, was dann? Die Incoterms® 2020 schützen ihn auch bei den F-Klauseln vor Versäumnissen des Käufers. Hat dieser es im Falle von FCA, benannter Ort, Incoterms® 2020 unterlassen, dem Verkäufer den Frachtführer oder eine andere Person zu benennen, so geht die Gefahr so oder so ab dem vereinbarten Lieferzeitpunkt oder nach Ablauf der vereinbarten Lieferfrist auf ihn auch über,

- wenn er die Ware nicht übernommen hat,
- ab dem Zeitpunkt innerhalb der Lieferfrist, den der Verkäufer genannt hat oder

## 6.3 F- oder Übergabeklauseln

- wenn der Frachtführer oder die Person die Ware nicht übernehmen können oder wollen.

Wichtig ist jedoch, dass die Ware eindeutig als die vertragsgemäß vereinbarte zu erkennen war.

Ähnlich verhält es sich bei FAS, benannter Verschiffungshafen, Incoterms® 2020. Aus Sicht des Verkäufers geht die Gefahr mit vereinbarungsgemäßer Lieferung auf den Käufer über, hier also, wenn die Ware längsseits des vom Käufer benannten Schiffs im benannten Verschiffungshafen entsprechend A2 geliefert wurde. Mit der Lieferung geht die Gefahr auf den Käufer über. Hat der Käufer aber versäumt

- den Verkäufer rechtzeitig über den Namen des Schiffs,
- die Ladestelle oder
- Ladefrist innerhalb des vereinbarten Lieferzeitraums zu informieren,

dann geht die Gefahr ab Zeitpunkt des vereinbarten Lieferzeitpunkts oder nach Ablauf der vereinbarten Lieferfrist auf ihn über. Die Klausel schützt den Verkäufer davor, herumirren zu müssen, bis er endlich ein Schiff gefunden hat, bei dem er längsseits anlegen kann. Auch hier gilt wiederum, dass die Ware eindeutig als die vereinbarte zu erkennen gewesen sein muss.

Bei FOB, benannter Verschiffungshafen, Incoterms® 2020 lauten die Pflichten A3 und B3 analog. Wieder gleicht A3 den vorangegangenen Klauseln. Der Gefahrübergang findet mit Absetzen der Ware an Bord des vom Käufer genannten Schiffs in benannten Verschiffungshafen statt. Die Gefahr geht ab dem vereinbarten Lieferzeitpunkt oder nach Ablauf der vereinbarten Lieferfrist auf den Käufer über, wenn

- er es versäumt hat, dem Verkäufer den Namen des Schiffs zu nennen, das die Ware aufnehmen soll,
- das Schiff des Käufers sich so verspätet, dass der Verkäufer seine Pflicht zu liefern, nicht erfüllen kann, da das Schiff die Ladung nicht übernehmen kann oder
- das Schiff bereits vor Ankunft im Verschiffungshafen keine Ladung mehr annimmt.

Vorausgesetzt, die Ware war eindeutig als die vertraglich vereinbarte zu erkennen.

## A4 und B4 – Transport

Die F-Klauseln verpflichten den Käufer, Transportverträge ab dem benannten Lieferort abzuschließen oder ihn mit eigenen Mitteln zu übernehmen. Bei FCA, benannter Ort, Incoterms® 2020 übernimmt der Käufer die Kosten für den Transport und in der Regel die Organisation ab dem benannten Ort der Übergabe der Ware durch den Verkäufer an den Frachtführer. Auf Verlangen des Käufers kann auch der Verkäufer die Beauftragung eines Transportdienstleisters übernehmen. Dann wäre freilich etwa CPT, benannter Ort, Incoterms® 2020 als Klausel die bessere Wahl. Sollte es ohnehin handelsüblich sein, dass der Verkäufer den Transport organisiert, dann wird dieser nach Ziffer A4 auch tätig. Ein Käufer, der den Transport lieber in eigenen Händen sieht, sollte dem Verkäufer dies dann mitteilen, bevor der aus gutem Handelsbrauch heraus Transporttatsachen schafft. Es handelt sich hier aber um keine strenge Verpflichtung. Der Verkäufer kann auch ablehnen, einen Transportdienstleister zu beauftragen. Dann muss er natürlich den Käufer rechtzeitig davon in Kenntnis setzen.

Analog sind die Pflichten A4 und B4 zwischen Verkäufer und Käufer bei den Klauseln FAS, benannter Verschiffungshafen, Incoterms® 2020 und FOB, benannter Verschiffungshafen, Incoterms® 2020 verteilt. Der Verkäufer ist nicht verpflichtet, einen Beförderungsvertrag für den Käufer abzuschließen. Der Käufer organisiert den Transport per Schiff und trägt die Kosten dafür. Der Verkäufer übergibt die Ware im benannten Hafen längsseits oder bei FOB, benannter Verschiffungshafen, Incoterms® 2020 an Bord des Schiffs, und hat damit seine Transportschuld getan. Allerdings kann er, wenn er es nicht ablehnt, auch auf Verlangen des Käufers oder gemäß der Handelspraxis den Schiffstransport auf Rechnung des Käufers organisieren – analog zu FCA. Lehnt der Verkäufer ab, muss er es auch bei FAS und FOB, benannter Verschiffungshafen, Incoterms® 2020 dem Käufer mitteilen.

### Beispiel

*Brammencoil und Türksaç haben Lieferung FCA, Containerterminal Hafen Dortmund, Incoterms® 2020 vereinbart. Brammencoil bringt den Stahl also zum Terminal. Eigentlich wäre damit die Pflicht erfüllt; die Ware steht im Terminal zur Entladung bereit. Nun waren sich die Partner zuvor einig, dass Brammencoil die Verladung auf ein Binnenschiff Richtung Rotterdam auf Rechnung von Türksaç veranlasst.*

*Die Geschichte lässt sich noch weiterspinnen, dass Brammencoil auch das Schiff nach Rotterdam und vielleicht weiter organisiert. Die Kosten ab der Entladung im Terminal bis zu der Stelle, an der Türksaç den Transport in seine*

## 6.3 F- oder Übergabeklauseln

*Hand nimmt, stellt Brammencoil seinem Kunden in Rechnung. Je nach Tiefe der Organisation durch Brammencoil würde sich jedoch die Frage stellen, warum FCA, benannter Ort, Incoterms® 2020 und nicht eine andere Klausel, z. B. FOB oder CFR, benannter Verschiffungshafen, Incoterms® 2020 vereinbart wurde.*

Bei allen F-Klauseln gilt, dass der Verkäufer alle transport- und sicherheitsrelevanten Vorkehrungen für den Transport treffen muss, wie etwa Sicherung von Gefahrgut oder korrekte Deklaration von Containern.

### A5 und B5 – Versicherungen

Der Verkäufer braucht für den Käufer keine Transportversicherung abzuschließen. Er muss aber dem Käufer alle Informationen zur Verfügung stellen, die dieser für den Abschluss einer Versicherung braucht. Die Kosten für die Informationsbeschaffung trägt in diesem Fall der Käufer. Umgekehrt besteht für ihn keine Pflicht, für den Verkäufer eine Versicherung abzuschließen, etwa für den Transport zum benannten Übergabeort.

### A6 und B6 – Liefer-/Transportdokument

Der Verkäufer weist nach, dass er die Ware gemäß Ziffer A2 geliefert hat. Dies kann bei Übergabe an den ersten Frachtführer im Falle FCA, benannter Ort, Incoterms® 2020, oder bei Lieferung am benannten Ort oder Schiff sein. Der Käufer kann ein begebbares Dokument verlangen, wie ein Konnossement oder Bill of Lading, mit dem er die Ware während des Transports weiter veräußern kann. Der Verkäufer ist dann verpflichtet, ihn zu unterstützen. Ein solches Dokument dient auch als Nachweis, der einer Bank vorgelegt wird, wenn der Handel mit einem Akkreditiv abgesichert wurde. Die F-Klauseln gehen, wenn auch nicht zwingend, davon aus, dass das vom Verkäufer besorgte Transportdokument ein begebbares Dokument ist.

Die Pflicht des Käufers besteht darin, den Liefernachweis des Verkäufers anzunehmen. FCA, benannter Ort, Incoterms® 2020, sieht nun vor, dass der Käufer seinen Frachtführer anweisen muss, dem Verkäufer ein Transportdokument zu erstellen, und es ihm auszuhändigen, wenn dies vorab vereinbart wurde. Das Dokument, beispielsweise auch ein Konnossement mit An-Bord-Vermerk, dient dem Nachweis, dass die Ware wie vereinbart verladen wurde. Interessant wird dies etwa bei einem Akkreditiv als Zahlungsweise – davon unten mehr. Der Verkäufer wird dem Käufer das Dokument wieder aushändigen, wenn er es beispielsweise für ein Akkreditiv seiner Bank vorgelegt hat.

Wenn der Verkäufer die Ware am benannten Ort geliefert hat, kann er in der Regel noch kein Konnossement mit An-Bord-Vermerk erhalten, da die Ware noch nicht weiter verladen wurde. Das Dokument kann er erst erhalten, wenn sie Ware tatsächlich an Bord des Schiffs verladen wurde. Der Frachtführer handelt im Auftrag des Käufers. Dieser ermächtigt ihn, wenn so vereinbart, dem Verkäufer das Bordkonnossement auszustellen und auszuhändigen. Das Ausstellen eines Bordkonnossement kommt, wenn auch nicht ausschließlich, zumeist bei Seefracht infrage.

### Beispiel

*Der Fahrer von Brammencoil hat den Container mit hochwertigem Stahl am Hafenterminal in Hamburg abgesetzt, wo das Schiff im Auftrag von Türksaç wartet. Die Reederei des Schiffs veranlasst die Verladung der Container an Bord. Die Reederei von Türksaç hat die Anweisung, dem Fahrer von Brammencoil ein Bordkonnossement auszustellen, sobald der Container an Bord ist.*

## A7 und B7 – Ausfuhr-/Einfuhrabfertigung

Bei den F-Klauseln, oder Übergabeklauseln, darf sich der Käufer zurücklehnen, was die Formalitäten für die Ausfuhr betrifft; die sind nun Aufgabe des Verkäufers. Sollte der Transport aufgrund fehlerhafter Ausfuhrformalitäten – für Genehmigungen und Zoll – verzögert werden, so könnte sich der Käufer beim Verkäufer schadlos halten. Die Formalitäten für die Einfuhr in das Land des Bestimmungsortes und zuvor für die Durchfuhr durch andere Länder hingegen sind Sache des Käufers. Sollte etwa der Zoll des Ziellandes mit Problemen aufwarten, so geht dies zu Lasten des Käufers.

### Beispiel

*Brammencoil hat mit Türksaç Lieferung nach FCA, Lager 1, Dortmund, Incoterms® 2020 vereinbart. Türksaç beauftragt einen Frachtführer, die Ware dort abzuholen. Anders als bei EXW und nun auch zollkonform hat Brammencoil den Stahl zur Ausfuhr beim Zoll angemeldet und gibt die entsprechenden Dokumente dem Frachtführer mit. Auch wenn ein Lieferort außerhalb des Werksgeländes vereinbart wurde, wird Brammencoil die Ausfuhrformalitäten erledigen.*

*Angenommen der Frachtführer im Auftrag Tüksaçs nimmt die Ware nicht an, weil die Ausfuhrformalitäten noch auf Erledigung warten, dann muss Brammencoil für Mehrkosten aufkommen.*

Der Verkäufer muss dem Käufer bei dessen Formalien unterstützten. Das heißt, er muss auf Verlangen des Käufers alle Informationen bereitstellen, die dieser für die zahlreich notwendigen Dokumente für etwaigen Transit und die Einfuhr in das Bestimmungsland benötigt, wie Genehmigungen, Sicherheitsnachweise oder Nachweise der Warenprüfung. Pflicht des Verkäufers ist auch, Warenkontrollen vor der Verladung durchführen zu lassen und die Kosten dafür zu tragen.

Die Incoterms® 2020 schließen die Pre-Shipment-Inspection[1] oder Vorversandkontrolle nicht explizit in die Prüfpflicht ein. Bei dieser Prüfung gleicht ein Dienstleister ab, ob alle Angaben des Verkäufers stimmen, Zudem stellt der Dienstleister fest, ob die Ware samt Verpackung und Kennzeichnung mit Regelwerken des Ziel- oder Transitlandes über Sicherheit oder vorgeschriebener Beschaffenheit konform gehen. Von Belang ist die Pre-Shipment-Inspection insbesondere in Verbindung mit einem Dokumenten-Akkreditiv

Umgekehrt muss der Käufer den Verkäufer ebenfalls mit allen Informationen versorgen, die dieser für die Ausfuhrformalitäten kennen muss.

## A8 und B8 – Prüfung/Verpackung/Kennzeichnung

Die Pflichten A8 und B8 unterscheiden sich bei den F-Klauseln nicht großartig von EXW, benannter Ort, Incoterms® 2020. Der Verkäufer sorgt für die sachgerechte Verpackung der Ware für den Transport und die korrekte Kennzeichnung. Und er nimmt, wie schon bei EXW erwähnt, erforderliche Warenprüfungen zur vereinbarten Qualität und Zustand der Ware vor. Die Prüfung nach A8 bezieht sich auf Qualitätsprüfung, ob die Ware die im Vertrag vereinbarten Eigenschaften aufweist, auf Maße, Gewicht und gegebenenfalls Anzahl. Bei Containerfracht etwa liefert der Verkäufer so alle Angaben, die zum Verladen von Containern auf ein Schiff vonnöten sind.

---

[1] Verschiedene Länder verlangen eine solche Pre-Shipment-Inspection. Aufgeführt wird dies in den Konsular- und Mustervorschriften, herausgegeben von der Handelskammer Hamburg; https://www.mendel-verlag.de.

## A9 und B9 – Kostenverteilung

Die F-Klauseln sehen bei der Kostenverteilung erwartungsgemäß umfangreichere Pflichten vor, als EXW, benannter Hafen, Incoterms® 2020.

Bei der Klausel FCA, benannter Ort, Incoterms® 2020 trägt der Verkäufer alle Kosten, bis die Ware je nach Variante gemäß Ziffer A2 geliefert ist sowie die Kosten für den Liefernachweis gemäß A6.

Falls der benannte Lieferort jenseits der Landesgrenze des Verkäufers liegt, trägt dieser auch die Kosten für die notwendigen Zollformalitäten und weiteren Kosten, die für die Ausfuhr anfallen. Anders gesagt, zahlt der Verkäufer so lange, bis er den ersten Frachtführer des Käufers erreicht. Darüber hinaus kommt er auch für die Kosten auf, die dem Käufer für die Unterstützung bei Dokumenten für Transit und Einfuhr bis zum benannten Lieferort entstehen.

Die Incoterms® 2020 nehmen den Verkäufer jedoch auch hier aus der Pflicht, wenn ihm Kosten aufgrund der Versäumnisse des Käufers entstehen, die in Ziffer B9 aufgeführt sind. Wenn die Ware eindeutig als die vertraglich vereinbarte zu erkennen war und

- der Käufer erst gar keinen Frachtführer oder eine andere Person gemäß B10 benannt hat, oder
- der Frachtführer oder die benannte Person die Ware nicht übernommen hat.

Ziffer B10 besagt, um dies schon einmal vorweg zu nehmen, dass der Käufer dem Verkäufer mitteilen müsste, wer kommt, wann jemand kommt, womit jemand kommt und wohin er kommt. Wenn der Käufer also

- den Namen des Frachtführers oder der Person, die die Ware entgegennehmen soll, nicht nennt,
- nicht angibt, zu welchem Zeitpunkt Frachtführer oder Person kommen,
- nicht nennt, mit welchen Lade- oder Transportmitteln sie ausgestattet sind und welche Sicherheitsanforderungen zu beachten sind oder
- nicht angibt, zu welcher Stelle sie kommen,

dann trägt er die Kosten, die aus diesen oder einem dieser Versäumnisse resultieren.

Da die Klauseln FAS und FOB, benannter Verschiffungshafen, Incoterms® 2020 Schifffahrtklauseln sind, geht die Pflicht zur Kostenübernahme auf die Gegebenheiten auf dem Wasser ein, wenn es um Versäumnisse des Käufers geht. Dieser ist zur Übernahme von Kosten verpflichtet, wenn er

- unzulänglich über den Namen des Schiffes, das die Ware aufnehmen soll, informiert,
- die Ladestelle nicht angibt,
- oder den Lieferzeitpunkt nicht nennt.

Der Käufer kommt auch für Kosten auf, die der Schiffsführer verursacht. Wenn

- das Schiff nicht zum vereinbarten Zeitpunkt oder Zeitraum im benannten Verschiffungshafen eintrifft,
- der Schiffsführer die Ware nicht annehmen kann oder
- er schon vor der vereinbarten Ladezeit keine Ware mehr angenommen hätte.

Der Verkäufer bleibt also von Kosten aufgrund schlechter Informationspolitik des Käufers sowie aufgrund von Unwägbarkeiten des Schiffstransports verschont.

Die Kosten des Käufers sind ab Risiko- und zugleich Kostenübergang gleich denen des Verkäufers. Er kommt also für den weiteren Transport und den damit verbundenen Kosten sowie für die Kosten, die die Formalien verursachen, auf. Sind dem Verkäufer Kosten bei der Unterstützung für die Erstellung von Dokumenten entstanden, die der Käufer benötigt, so muss er dem Verkäufer diese Kosten erstatten.

## A10 und B10 – Benachrichtigungen

Bei den F-Klauseln sind die Informationspflichten genauer formuliert. Es gibt zum Gelingen des Transports mehr zu informieren, als noch bei EXW, benannter Ort, Incoterms® 2020. Ist die Klausel FCA, benannter Ort, Incoterms® 2020 vereinbart, wird der Verkäufer den Käufer unterrichten, ob die Ware wie vereinbart übergeben wurde. Er gibt also auch Nachricht, wenn der vom Käufer gesandte Frachtführer oder Kurier die Ware nicht übernommen hat.

Über dessen Ankunft, wann und wo genau, unterrichtet der Käufer den Verkäufer; ebenso darüber, wer im Namen des Käufers kommen wird. Was der Verkäufer schließlich noch wissen sollte, ist, welches Transportmittel wie ausgestattet sein muss und welche Sicherheitsanforderungen zu beachten sind. Unter anderem daran entscheidet der Verkäufer, wie er die Ware am besten verpackt und sichert.

Bei FAS und FOB, benannter Verschiffungshafen, Incoterms® 2020 informiert der Käufer den Verkäufer analog über den Namen des Schiffs, Ladestelle im benannten Hafen, den Lieferzeitraum sowie über die Sicherheitsanforderungen, die für den weiteren Transport der Ware zum Bestimmungsort vorgeschrieben sind.

## 6.4 C- oder Absendeklauseln

Mit den Klauseln CFR, CIF, CPT und CIP, benannter Ort, Incoterms® 2020, den auch Absendeklauseln genannten C-Klauseln, übernimmt der Verkäufer weitere Aufgaben. Und zwar organisiert er den Transport auf dem Hauptlauf und trägt dafür die Kosten.

Eine Besonderheit der C-Klauseln liegt darin, dass die Übergänge von Risiko und Kosten versetzt an verschiedenen Orten stattfinden, was ihnen zusätzlich die Bezeichnung Zwei-Punkte-Klauseln eingebracht hat: Hat der Verkäufer die Ware an den Frachtführer übergeben, geht auch das Risiko von da an den Käufer über. Dennoch beauftragt und bezahlt der Verkäufer den Frachtführer für den weiteren Transport zum benannten Ort. Die Faustformel, wer das Heft des Handelns in der Hand hält, zahlt und zittert, stimmt hier nicht ganz. Vielmehr zahlt bei den Absende- oder C-Klauseln der Verkäufer zwar den Hauptlauf, aber der Käufer zittert; jedenfalls, bis der Hauptlauf abgeschlossen ist.

Bei den Klauseln CIF, benannter Bestimmungshafen, Incoterms® 2020 und CIP, benannter Ort, Incoterms® 2020 versichert der Verkäufer die Ware auf seine Kosten, aber zugunsten des Käufers oder zugunsten von Personen mit versicherbarem Interesse an der Ware. Die Incoterms® 2020 richten sich für CIF, benannter Bestimmungshafen, Incoterms® 2020 bei der Versicherung nach dem Mindeststandard für Versicherungen Institute Cargo Clauses C, die die International Underwriting Association of London (IUA) herausgibt. Bei CIP, benannter Ort, Incoterms® 2020 schreiben die Incoterms® 2020 eine Versicherung zugunsten des Käufers nach Institute Cargo Clauses A, eine All-Risk-Versicherung vor. Ausführlich wird darauf in Abschn. 6.5 eingegangen.

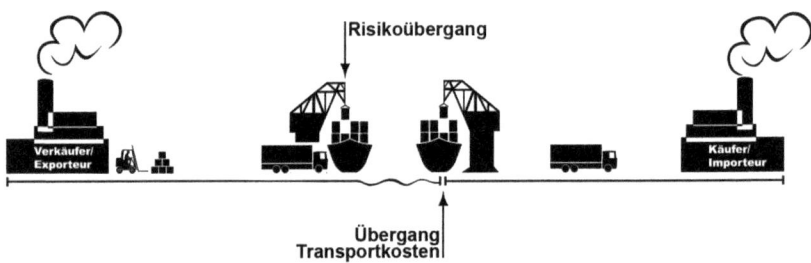

**Abb. 6.6** Risiko- und Kostenübergang CFR. (Grafik: Udo Steinmetz)

## 6.4 C- oder Absendeklauseln

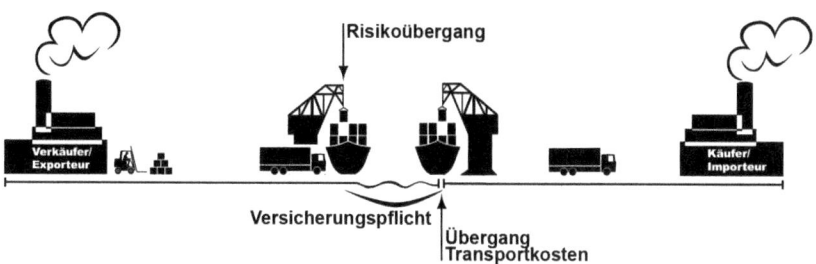

**Abb. 6.7** Kosten- und Gefahrübergang CIF. (Grafik: Udo Steinmetz)

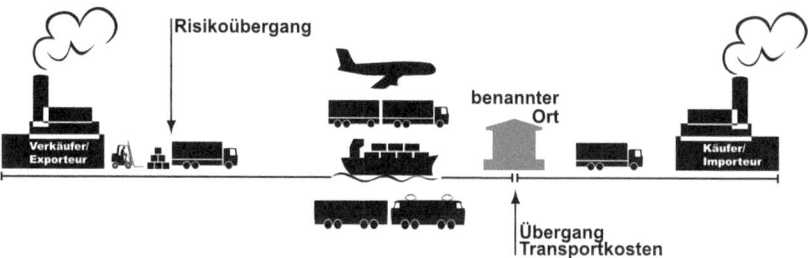

**Abb. 6.8** Risiko- und Kostenübergang CPT. (Grafik: Udo Steinmetz)

*CFR (Cost and Freight)*
CFR, benannter Bestimmungshafen, Incoterms® 2020 ist eine reine Schifffrachtklausel; sie kann gleichermaßen auf See- wie für Binnenschifffracht angewandt werden. Der Verkäufer nimmt den Transport über den Ort des Risikoübergangs hinaus bis zum Bestimmungshafen in seine Hand und bezahlt ihn. Der Risikoübergang bei CFR, benannter Bestimmungshafen, Incoterms® 2020 erfolgt – wie bei FOB, benannter Verschiffungshafen, Incoterms® 2020 – an Bord des Schiffes; wenn etwa ein Container auf dem Schiff seinen Platz eingenommen hat. Sozusagen auf der einen Seite des Wassers geht das Risiko auf den Käufer über, aber erst auf der anderen Seite des Wassers endet die Pflicht des Verkäufers, für den Transport zu zahlen. Dieser macht die Ware frei für den Export. Die Einfuhrformalitäten wiederum sind Sache des Käufers (Abb. 6.6).

*CIF (Cost Insurance Freight)*
Bei der Klausel CIF, benannter Bestimmungshafen, Incoterms® 2020 handelt es sich ebenfalls um eine Seefrachtklausel. Sie ist im Grunde schnell erläutert: Bei ihr verhalten sich Aufgaben, Kosten und Risikoübergang wie bei CFR, benannter Ort, Incoterms® 2020. Mit dem bedeutsamen Unterschied, dass der Verkäufer auf seine

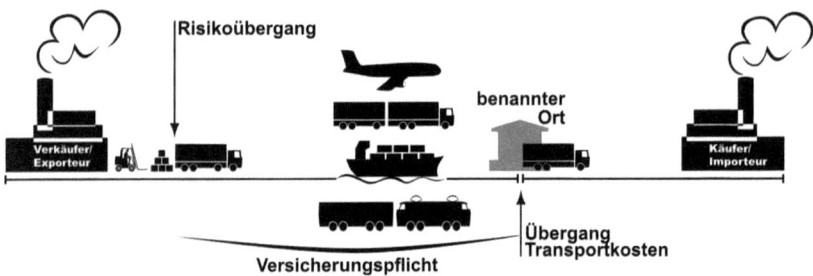

**Abb. 6.9** Risiko- und Kostenübergang CIP. (Grafik: Udo Steinmetz)

Kosten eine übertragbare Seeversicherung der Ware zugunsten des Käufers gemäß der Institute Cargo Clauses C abschließen muss (Abb. 6.7).

*CPT (Carriage Paid To)*
Die Klausel CPT, benannter Ort, Incoterms® 2020 bedeutet, dass der Verkäufer den Transport bis zum vereinbarten Bestimmungsort organisiert und dafür die Kosten trägt. Sie gilt für alle Transportarten. Das Risiko geht bereits auf den Käufer über, wenn die Ware dem ersten Frachtführer in der Transportkette übergeben wird. Wie bei FCA, benannter Ort, Incoterms® 2020 muss der Verkäufer die Ware dem Frachtführer exportfrei übergeben. Die Einfuhrformalitäten fallen wiederum dem Käufer zu (Abb. 6.8).

*CIP (Carriage Insurance Paid)*
CIP, benannter Ort, Incoterms® 2020 ist wie CPT, benannter Ort, Incoterms® 2020 plus Versicherung: Der Verkäufer schließt zusätzlich zu den Pflichten wie bei der Klausel CPT, benannter Ort, Incoterms® 2020 eine Versicherung auf eigene Kosten zugunsten des Käufers ab – analog zu CIF, benannter Bestimmungshafen, Incoterms® 2020 (Abb. 6.9). Anders als bei CIF, benannter Bestimmungshafen, Incoterms® 2020 muss der Verkäufer auf seine Kosten eine übertragbare Versicherung der Ware zugunsten des Käufers gemäß der Institute Cargo Clauses A abschließen, die weit mehr Risiken abdeckt. Mehr darüber in Abschn. 6.5.

## A2 und B2 – Lieferung und Übernahme

Die C-Klauseln sind beim Punkt Lieferung und Übernahme recht pflegeleicht. Für CPT, benannter Ort, Incoterms® 2020 heißt es, der Verkäufer übergibt die Ware an

## 6.4 C- oder Absendeklauseln

den Frachtführer, den er gemäß Ziffer A4 beauftragt hat, zum Zeitpunkt oder innerhalb des Zeitraums wie vereinbart, oder er beschafft die Ware. Die Pflicht des Käufers besteht darin, die Ware am Bestimmungsort vom Frachtführer zu übernehmen. Dasselbe gilt für CIP, benannter Ort, Incoterms® 2020 und ähnlich für CFR und CIF, benannter Bestimmungshafen, Incoterms® 2020. Bei den Schifffahrtsklauseln CFR und CIF, benannter Bestimmungshafen, Incoterms® 2020 übergibt der Verkäufer natürlich nicht an einen Frachtführer, sondern verbringt die Ware auf das Schiff im benannten Verschiffungshafen oder er beschafft sie dem Käufer. Die Lieferung muss wiederum zum Zeitpunkt oder innerhalb des vereinbarten Zeitraums erfolgen. Der Käufer übernimmt bei CFR und CIF, benannter Bestimmungshafen, Incoterms® 2020 die Ware am benannten Bestimmungshafen.

### A3 und B3 – Gefahrenübergang

Der Gefahrübergang bei den C-Klauseln findet statt, wenn der Verkäufer die Ware gemäß A2 bis zum vereinbarten Lieferort oder Verschiffungshafen geliefert hat oder die Ware beschafft hat. Gewöhnungsbedürftig ist hier, dass Ort und Zeitpunkt des Gefahrübergangs nicht gleich Ort und Zeitpunkt des Kostenübergangs sind.

Analog den B3 der F-Klauseln trägt der Käufer auch dann die Gefahr, wenn er seine Pflichten zur Benachrichtigung versäumt hat.

### A4 und B4 – Transport

Bei den C-Klauseln wird es hier sperrig. Der Verkäufer übergibt die Ware einem von ihm gewählten Frachtführer an einem benannten Lieferort oder Verschiffungshafen. Dort geht auch die Gefahr auf den Käufer über. Im Unterschied zu den anderen Klauseln organisiert und bezahlt der Verkäufer aber dennoch den Transport bis zum benannten Zielort oder -hafen. Von da an nimmt der Käufer den weiteren Transport in seine Hand.

Die Klausel CPT, benannter Ort, Incoterms® 2020, wie auch analog die weiteren C-Klauseln, bestimmen also, dass der Verkäufer auf eigene Kosten einen Beförderungsvertrag abschließt und zwar vom Lieferort – an dem das Risiko auf den Käufer übergeht – bis zum vereinbarten Bestimmungsort, von dem an die Kosten an den Käufer übergehen. Wenn eine bestimmte Stelle an diesen Orten vereinbart wurde, dann bezieht sich der Beförderungsvertrag auf die Strecke zwischen diesen Stellen. Mitunter ergibt sich aus der Handelspraxis, wohin genau die Ware transportiert werden soll. Wenn nicht, und wenn auch keine Stelle vereinbart wurde, dann kann der Verkäufer nach seinem Ermessen eine Stelle für die Übergabe am benannten Orten auswählen, etwa ein ihm bekanntes und geeignetes Distributionszentrum. Für die Beförderung der Ware gilt, dass sie den üblichen Bedingungen gemäß gestaltet werden muss. Insbesondere sind die vorgeschriebenen Transport- und Sicherheitsanforderungen zu erfüllen.

Die Klausel CFR, benannter Bestimmungshafen, Incoterms® 2020 ist ausschließlich für Schiffstransporte bestimmt. Sie nimmt, analog zu CPT, benannter Ort, Incoterms® 2020, Bezug auf benannte Häfen für die Übergabe und Lieferung der Ware. Die Beförderung soll auf einem Schiff erfolgen, das seiner Bauart nach typisch für die Beförderung der betreffenden Ware ist.

Bei A4/B4 gleicht die Klausel CIF der Klausel CFR, benannter Bestimmungshafen, Incoterms® 2020; die Klausel CIP gleicht CPT, benannter Ort, Incoterms® 2020.

Der Käufer ist dem Verkäufer gegenüber nicht verpflichtet, einen Transportvertrag abzuschließen.

## A5 und B5 – Versicherungen

Der Verkäufer muss bei CPT, benannter Ort, Incoterms® 2020 dem Käufer auf dessen Gefahr und Kosten Informationen zum Abschluss einer Versicherung zur Verfügung stellen– wie schon bei A5 und B5 für EXW und den F-Klauseln.

CIP, benannter Ort, Incoterms® 2020 und CIF, benannter Bestimmungshafen, Incoterms® 2020 unterscheiden sich sehr von allen anderen Klauseln, was die Versicherung des Transports betrifft. Und zwar ist der Verkäufer verpflichtet, auf seine Kosten aber zugunsten des Käufers und Personen mit versicherbarem Interesse an der Ware eine Versicherung abzuschließen. Der Verkäufer versichert den Transport vom Ort des Risikoübergangs bis zum Ort des Kostenübergangs. So gesehen versichert er den Teil des Transportweges, bei dem der Käufer das Risiko trägt, während der Verkäufer noch die Transportfäden in seiner Hand hält. Ab dem benannten Bestimmungsort, von dem nun an der Käufer den weiteren Transport in seinen Händen hat, endet für den Verkäufer die Pflicht zur Versicherung.

Bei CIP, benannter Ort, Incoterms® 2020 und CIF, benannter Bestimmungshafen, Incoterms® 2020 muss der Käufer dem Verkäufer auf dessen Verlangen die Informationen weitergeben, die zum Abschluss der Pflichtversicherung nötig sind

Versicherungen sind eigentlich ein Thema für sich. Die Versicherung nach CIF, benannter Bestimmungshafen, Incoterms® 2020 und CIP, benannter Ort, Incoterms® 2020 wird darum im Anschluss in einem Exkurs dargestellt.

## A6 und B6 – Liefer-/Transportdokument

Bei den C-Klauseln ist der Verkäufer verpflichtet, auf seine Kosten die Transportdokumente zur Verfügung zu stellen, die für den Transport nach Ziffer A4 nötig sind. Die Klauseln streichen heraus, dass der Käufer mit den Transportdokumenten in die Lage versetzt werden muss, die Herausgabe der Ware zu fordern, wenn sie am Bestimmungsort oder -hafen angekommen ist. Die C-Klauseln gehen damit auch auf den Handel von Gütern, wie Rohstoffe, während des Transports ein, wie bei den F-Klauseln schon erwähnt. Typischerweise geht es hier um ein Konnossement oder Bill of Lading. Für den Verkäufer bedeutet dies, die vertraglich vereinbarte Ware im Dokument auszuführen und das Dokument so zu gestalten, dass der Käufer die Ware an Dritte weiterverkaufen kann.

Darüber hinaus gehen die C-Klauseln zwischen den Zeilen davon aus, dass die Transportdokumente zur Vorlage bei einer Bank geeignet sein müssen, wenn der Verkauf der Ware mit einem Akkreditiv abgesichert wurde. Entsprechend bestimmt Ziffer A6, dass die Dokumente innerhalb der vereinbarten Lieferfrist datiert sein müssen.

Der Käufer wiederum hat die Pflicht, die Dokumente als Liefernachweis anzunehmen.

## A7 und B7 – Ausfuhr-/Einfuhrabfertigung

Die Formalitäten für die Ausfuhr liegen bei den C-Klauseln auf Seiten des Verkäufers: Die Seefrachtklauseln CFR und CIF, benannter Bestimmungshafen, Incoterms® 2020 stellen in Rechnung, dass der Transport bis zum benannten Verschiffungshafen – dem Ort des Gefahrübergangs vom Verkäufer auf den Käufer – durch mehrere Länder führen kann und ab dann wieder eventuell mehrere Grenzen passiert. Nun ist es bei den C-Klauseln Angelegenheit des Verkäufers, den Transport bis zum benannten Bestimmungsort oder -hafen zu organisieren. Aber er muss dennoch die Ware nur für die Ausfuhr abfertigen. Er kümmert sich also, wie bereits bei den F-Klauseln, um die

- Ausfuhrgenehmigungen,
- Sicherheitsfreigaben für die Ausfuhr,
- Warenkontrollen vor der Verladung am benannten Lieferort sowie um
- behördlichen Genehmigungen.

Wenn der Transport mehrere Landesgrenzen überquert, sorgt sich der Käufer um entsprechende Transitdokumente, auch wenn eigentlich der Verkäufer den Transport dirigiert. Der Käufer trägt auch die Kosten für die entsprechenden Dokumente. Es sei denn, der Beförderungsvertrag gemäß A4 lastet die Kosten dem Verkäufer auf.

> **Beispiel**
>
> *Beispielsweise hat ein Verkäufer seinen Sitz in der Schweiz und der benannte Verschiffungshafen ist Rotterdam. Für den Fall organisiert der Verkäufer alles Erforderliche für Ausfuhr und Durchfahrt. Die Formalitäten für die Durchfahrt bis zum benannten Ort der Lieferung erledigt der Käufer, ebenfalls – falls nötig – die weiteren Durchfahrten zum benannten Bestimmungsort oder -Hafen sowie die Einfuhrformalitäten.*

Wenn der Käufer dies verlangt, unterstützt der Verkäufer ihn, wenn es um die Einfuhr- oder Transitformalitäten geht, in gleicher Weise wie schon bei den F-Klauseln. Die Kosten dafür kann er dem Käufer in Rechnung stellen.

Und auch hier bei den C-Klauseln obliegt es dem Käufer, den Verkäufer mit den Dokumenten und Informationen zu unterstützen, die dieser für die Erledigung der Ausfuhrformalitäten benötigt, wie für Sicherheitsanforderungen oder Warenkontrollen. Die Kosten hierfür und das Risiko trägt der Verkäufer. Im Übrigen trägt der Käufer alle Kosten, die für Einfuhr oder Transit anfallen, inklusive Genehmigungen, Sicherheitsfreigaben und Warenkontrollen. Es sei denn, der Beförderungsvertrag nach A4 ordnet sie dem Verkäufer zu.

## A8 und B8 – Prüfung/Verpackung/Kennzeichnung

Die Pflichten zur Warenprüfung, Verpackung und Kennzeichnung der Lieferung verhalten sich bei den C-Klauseln wie bei den F-Klauseln.

## A9 und B9 – Kostenverteilung

Bei den Absendeklauseln CPT, CIP, CFR und CIF, benannter Ort oder Bestimmungshafen, Incoterms® 2020 trägt der Verkäufer die Kosten für den Hauptlauf, bis der Käufer die Ware am Bestimmungsort oder -hafen übernommen hat, bei CIP, benannter Ort, Incoterms® 2020 und CIF, benannter Hafen, Incoterms® 2020 zusätzlich noch die Kosten für eine Transportversicherung bis zum benannten Ort oder Bestimmungshafen. Unter die Kosten für den Verkäufer fallen die Frachtkosten bis zum benannten Bestimmungsort oder -hafen. Darunter fallen auch die Kosten für das Verladen der Ware.

Unter das Stichwort „alle Kosten" fallen auch die nötigen Zollformalitäten, Zölle, Steuern und sonstige Abgaben, wenn die Ware Landesgrenzen passiert, bis sie am benannten Ort ankommt. Ob er aber alle Durchfuhren durch Drittländer bezahlt, ist Verhandlungssache. Die Incoterms® 2020 bestimmen, dass der Verkäufer die Kosten für den Transport über Landesgrenzen zahlt, soweit dies im Beförderungsvertrag vereinbart ist.

Wenn die Ware am benannten Ort angekommen ist und die Ware zur Übernahme durch den Käufer bereitsteht, dann übernimmt er auch die Kosten für den weiteren Transport. Nun hat der Verkäufer bis hierhin einen Transportvertrag auf seine Kosten abgeschlossen. Der Käufer zahlt aber auch die Kosten, die im Zusammenhang mit dem Transport der Ware entstehen sowie Entladekosten, wenn der Beförderungsvertrag sie nicht dem Verkäufer zurechnet.

Wie bereits in den vorangegangenen Klauseln kommen auf den Käufer auch Kosten zu, wenn er den Verkäufer nicht ausreichend informiert hat. Die C-Klauseln nehmen Rücksicht auf den Fall, dass der Käufer den Zeitpunkt der Versendung der Ware bestimmen kann. Es versteht sich von selbst, dass er dies dem Verkäufer entsprechend mitteilt. Hat der Käufer also – wenn dies so vorgesehen war – den Versand der Ware veranlasst, dann muss er dem Verkäufer auch den Zeitpunkt, den Ort beziehungsweise die Stelle der Lieferung nennen. Versäumt er dies, so trägt er die daraus entstehenden Kosten. Wiederum vorausgesetzt, dass die Ware eindeutig als die vertraglich vereinbarte zu erkennen war.

Und zu guter Letzt trägt der Käufer die Kosten, die mit der Einfuhr der Ware verbunden sind sowie die für die Durchfuhr durch Länder ab der Übernahme der Ware – und soweit der Beförderungsvertrag, den der Verkäufer abgeschlossen hat, diesen nicht die Durchfuhrkosten durch eines oder mehrere Länder zurechnet.

Bei den Schifffahrtklauseln CFR und CIF, benannter Bestimmungshafen, Incoterms® 2020 zahlt der Käufer schifffahrtstypische Kosten, wie Kaigebühren. Es sei denn, der Beförderungsvertrag ordnet sie nach A4 dem Verkäufer zu.

## A10 und B10 – Benachrichtigungen

Bei den C-Klauseln hält der Verkäufer als Organisator des Hauptlaufs den Käufer auf dem Laufenden. Er stellt ihm alle Informationen zur Verfügung, die dieser für den weiteren Transport ab benanntem Ort oder Bestimmungshafen benötigt. Wie alle Klauseln verlangen auch die C-Klauseln eine Information, dass die Ware nach A2 geliefert wurde.

Der Käufer teilt dem Verkäufer mit, zu welchem Zeitpunkt und an welcher Stelle er die Ware übernehmen wird, wenn er dies laut Vereinbarung bestimmen kann.

## 6.5 Exkurs – Wozu die Versicherung nach CIF und CIP?

Die Klauseln CIF, benannter Bestimmungshafen, Incoterms® 2020 und CIP, benannter Ort, Incoterms® 2020 sehen vor, dass der Verkäufer eine Transportversicherung mit einem durch die Incoterms vorgegebenen Standard zugunsten des Käufers abschließt; nicht für den gesamten Transportweg, aber zumindest für den Teil, den er organisiert, während das Risiko des zufälligen Untergangs der Ware bereits beim Käufer liegt.

Die Versicherungen nach diesen Klauseln sind nicht beliebig wählbar, sondern müssen gemäß den Institute Cargo Clauses Standards A und C der Underwriting Association of London (IUA)[2] abgeschlossen werden.

Zunächst zu CIF: CIF, benannter Bestimmungshafen, Incoterms® 2020 verpflichtet den Verkäufer zugunsten des Käufers eine Versicherung gemäß Institute Cargo Clauses Standard C der Underwriting Association of London abzuschließen. Dieser Standard C sieht eine Mindestabsicherung für folgende – zumeist schiffstypische – Gefahren vor:

- Feuer oder Explosion
- Stranden, auf Grund laufen oder Kentern des See- und Binnenschiffs
- Überschlagen oder Entgleisen bei Landtransporten
- Kollision/Berühren des Transportmittels bzw. eines Teils davon mit einem anderen Gegenstand außerhalb des Schiffes (jedoch nicht: Wasser)
- Entlöschen von Gütern im Nothafen
- Havarie Grosse.

Risiken wie Streik oder Piraterie sind dagegen nicht versichert. Ebenso wenig fallen unter diese Mindestanforderung Schäden an der Ware, die auch bei normal verlaufenem Seetransport auftreten können.

Grob zusammengefasst, sind Risiken versichert, die primär das Beförderungsmittel selbst mit Rückwirkung auf die transportierte Ware betreffen, weniger sol-

---

[2] https://www.iua.co.uk/.

## 6.5 Exkurs – Wozu die Versicherung nach CIF und CIP?

che Risiken, die sich ausschließlich am Transportgut realisieren ohne gleichzeitig das Beförderungsmittel in Mitleidenschaft zu ziehen.

Darüber hinaus sieht CIF, benannter Bestimmungshafen, Incoterms® 2020 eine Versicherungssumme von 110 Prozent des Warenwertes in der Währung des Kaufvertrages vor.

### Beispiel

*Die Mitarbeiter von Parsteel sind wütend. Als ihre 20 Tonnen Stahl abgeladen auf dem Hafenkai des vereinbarten Bestimmungshafens liegen, sehen sie auf völlig deformierte Stahlbrammen. Auf hoher See kam es zu einem Feuer aufgrund von Funkenbildung im Maschinenraum. Der Schaden ereignete sich also, als der Stahl bereits auf hoher See war – vereinbart war CIF – nach dem Übergang des Risikos auf Parsteel. So gesehen muss Parsteel den Kaufpreis zahlen, vorausgesetzt Brammencoil hat keinen Fehler bei der Verpackung gemacht. Dennoch kann sich Parsteel einigermaßen schadlos halten: Denn gemäß CIF, benannter Bestimmungshafen, Incoterms® 2020 war die Ware zu den vorgeschriebenen 110 Prozent des Warenwertes versichert. Kosten, die vielleicht durch Verzögerung bei dem Projekt entstehen, für das die Stahlbrammen vorgesehen waren, sind von der Pflichtversicherung nach CIF nicht gedeckt. Kein Wunder, dass die Mitarbeiter von Parsteel wütend sind.*

Nun noch zu CIP, benannter Ort, Incoterms® 2020: Diese Klausel verpflichtet den Verkäufer eine Versicherung nach Institut Cargo Clauses Standard A abzuschließen. Damit ist die Ware gegen alle Risiken versichert, eine All-Risk-Versicherung. Das klingt gut, aber Versicherungen haben Hintertüren. In diesem Fall sind ist es eine Ausnahmeliste, die die Fälle aufzählt, die eine Versicherungsleistung ausschließt:[3]

- Dazu gehören zuvorderst vorsätzlich herbeigeführter Verlust, Schaden oder Kosten des versicherten Gutes.
- Nicht versichert sind natürliche oder technisch bedingte Leckagen, Gewichts- oder Volumenverluste sowie natürlicher Verschleiß. Alkohole beispielsweise sind leicht flüchtige Stoffe, so dass Volumenverluste schon fast dazu gehören.
- Verlust, Schaden oder Kosten, aufgrund unzulänglicher Verpackung oder Vorkehrungen, die den üblichen Belastungen auf einem Transport nicht standhal-

---

[3] Darstellung ist angelehnt an: https://www.if-insurance.com/globalassets/industrial/files/marine-cargo/institute-clauses/institute-cargo-clauses-a-2009.pdf; Abruf am 14.11.2019.

ten. Ein Beispiel wäre Porzellanware, die ungesichert in einen Container gestapelt und auf die Reise geschickt wird.
- Wenn das versicherte Gut aufgrund seiner Beschaffenheit verderblich ist und dadurch Schaden nimmt oder zusätzliche Kosten entstehen.
- Verlust, Schaden oder Kosten durch Verspätung des Transportmittels. Dies gilt auch dann, wenn die Verspätung aufgrund eines versicherten Risikos verursacht wurde. Feuer an Bord eines Schiffs mag zu einer Verspätung führen, wenn es aber keinen Feuerschaden am versicherten Gut selbst gab, greift die Versicherung nicht.
- Verlust, Schaden oder Kosten bei Seefracht durch Zahlungsunfähigkeit des Reeders oder Operators.
- Probleme, die durch nicht kriegerischen Gebrauch von Kernwaffen verursacht wurden. Dagegen wären Beeinträchtigungen aufgrund ziviler Nutzung von Kernenergie versichert.
- Weitere Ausschlusskriterien sind die mangelnde Eignung des Transportmittels oder Seeuntüchtigkeit eines Schiffs, wenn der Verkäufer dies gewusst hat oder hätte wissen müssen.
- Politische Unruhen, wie Putsch oder Bürgerkrieg und
- Streiks oder Aussperrungen.
- Piraterie dagegen ist bei Versicherungen gemäß Klausel A versichert.

Nun sind Unternehmen, die im Außenhandel tätig sind, in der Regel Inhaber einer Transportversicherung. Je nach Transportvolumen handeln die Unternehmen mit ihren Versicherungen Verträge aus, die auf das Produktspektrum und die Logistik zugeschnitten sind.

Weiterhin beinhalten derartige auf die verladenden Unternehmen zugeschnittenen Transportversicherungen oftmals auch wohltuende Rabatte in Bezug auf die Versicherungsprämie. Wozu sollte also ein Unternehmen überhaupt CIF, benannter Bestimmungshafen, Incoterms® 2020 oder CIP, benannter Ort, Incoterms® 2020 in den Kaufvertrag aufnehmen, wenn es als Verkäufer doch die Ware gut und günstig versichern kann?

Die Antwort erschließt sich aus Perspektive des Kunden. Der Verkäufer organisiert den Transport von Vor- und Hauptlauf. Das Risiko geht aber bereits zu einem Zeitpunkt auf den Kunden über, in dem der Verkäufer noch für die Transportorganisation verantwortlich zeichnet.

Es liegt im Interesse des Käufers, die Ware versichert zu wissen, wenn er zwar das Risiko trägt, ein anderer aber handelt. Denn den Kaufpreis wird er auch dann zahlen müssen, wenn sich – wie im Beispiel – das Risiko verwirklicht und dem

## 6.5 Exkurs – Wozu die Versicherung nach CIF und CIP?

Verkäufer nach Risikoübergang kein Versäumnis anzulasten ist. Der Abschluss einer Versicherung federt also das Risiko aus Sicht des Käufers ab.

Auch wenn der Verkäufer ein Global Player ist, um den sich Versicherer reißen, darf der Käufer ohne Vereinbarung einer CIF- oder CIP-Klausel nicht darauf vertrauen, dass die Ware in seinem Interesse hinreichend abgesichert ist. Denn grundsätzlich versichert eine Transportversicherung nur das Interesse des Versicherungsnehmers an der Ware. Dieses endet jedoch bei Übergabe an der Rampe (EXW-Klausel) bzw. Übergabe/Zur-Verfügung-Stellen beim Hauptlauf (F- und C-Klausel).

Alles in allem sollten sich die Vertragsparteien ausreichend Gedanken über eine Transportversicherung machen. Hierbei sollten sich die Parteien auch stets Folgendes vor Augen führen:

- Deckt jede Partei nur für den Teil der Strecke, für die sie selbst das Risiko trägt, eine Transportversicherung ein, so kann es im Schadenfall zu Abgrenzungsfragen kommen – insbesondere bei verdeckten Schäden, z. B.: Ist der Schaden beim vom Verkäufer zu verantwortenden Vorlauf oder beim Hauptlauf, für den der Käufer verantwortlich zeichnet, eingetreten? Unter diesem Aspekt ist es angeraten, eine über die Mindestanforderungen nach CIF, benannter Bestimmungshafen, Incoterms® 2020 oder über die nach CIP, benannter Ort, Incoterms® 2020 hinausgehende „from door to door"-Transportversicherung abzuschließen, welche die Interessen beider Vertragspartner versichert.
- Ein Vertrauen auf eine hinreichende Kompensation aufgrund der Haftung eines ausführenden Frachtführers kann trügerisch sein. So sehen sämtliche in Betracht kommenden Haftungsregime Haftungsausschlüsse (z. B. bei Schäden aufgrund unabwendbarer Ereignisse oder wie im Seerecht aufgrund nautischen Verschuldens der Schiffsbesatzung) vor. Selbst wenn eine Haftung dem Grunde nach gegeben ist, ist zu beachten, dass diese Haftungsregime zum Teil sehr starke Haftungsbegrenzungen vorsehen, die mitunter selbst im Falle des Vorsatzes des Frachtführers nicht durchbrochen werden (z. B. im Falle des Luftfrachtführers bei grenzüberschreitender Beförderung nach dem Montrealer Übereinkommen).

**Beispiel**

*Im Beispiel der verbogenen Stahlbrammen stellt sich heraus, dass das Feuer aufgrund eines Bedienungsfehlers eines Maschinisten ausgebrochen ist. Die Haftung des beauftragten Seefracht-Fixkostenspediteurs bzw. Verfrachters ist in solchen Fällen üblicherweise ausgeschlossen (allenfalls bei Vereinbarung deut-*

*schen Rechts lässt sich eine entsprechende Haftung begründen, welche jedoch grundsätzlich auf 2 SZR/kg begrenzt ist; im Beispielfall wären dies etwa. 50.000 Euro – SZR bedeutet Sonderziehungsrecht, eine vom Internationalen Währungsfond IWR geschaffene Währung, die international als Zahlungsmittel dient. Aber auch diese im deutschen Recht verankerte Haftung ist regelmäßig durch Allgemeine Geschäftsbedingungen, wie die ADSp 2017, ausgeschlossen).*

Bei der Versicherungspflicht nach CIF, benannter Bestimmungshafen, Incoterms® 2020 und CIP, benannter Ort, Incoterms® 2020 ist Vorsicht geboten. Bei der Versicherung nach Institute Cargo Clauses Standard C kann es durchaus sein, dass die Ware nicht ausreichend versichert ist. Wenn Schäden, die bei Seefracht typischerweise vorkommen, nicht versichert sind, dann greift die Versicherung, die nach CIF abzuschließen war, im Grunde nur in seltenen Fällen. In aller Regel arbeiten Unternehmen ja mit einem Versicherer zusammen. Von daher ist sinnvoll, mit dem Versicherer zu sprechen, wie er den Transport gut versichern könnte. Um die Versicherungspflicht nach CIF zu umgehen, bietet sich dann ganz einfach an, im Vertrag etwa CFR, benannter Bestimmungshafen, Incoterms® 2020 zu vereinbaren. Mit gleichem Augenmerk sollte die Versicherung im Zusammenhang mit CIP, benannter Ort, Incoterms® 2020 geprüft werden, auch wenn eine All-Risk-Versicherung in größerem Umfang Schäden abdeckt.

Die Vertragspartner sollten prüfen, ob eine Versicherung nach CIP, benannter Ort, Incoterms® 2020 überhaupt möglich ist, denn manche Staaten schreiben bei Importen eine nationale Versicherung für den Teil des Transports vor, der in ihrem Land liegt. Eine Alternative zu CIP, benannter Ort im Inland, Incoterms® 2020 könnte in einer Lieferung nach CIP, benannter Bestimmungshafen, Incoterms® 2020 bestehen, bei der die Versicherungspflicht am Bestimmungshafen endet. Oder es könnte eine D-Klausel in Betracht kommen, bei der der Verkäufer die Transportversicherung aushandeln kann, ohne an die Verpflichtung nach CIP gebunden zu sein.

## 6.6 D- oder Ankunftsklauseln

Die letzten drei Klauseln der Incoterms® 2020 DAP, DPU und DDP, benannter Ort, Incoterms® 2020 – die D-Klauseln – bilden das Trio der Ankunftsklauseln. Hier wird es für den Käufer bequem, die Ware kommt immer näher mit immer weniger an Kosten und Risiko auf ihn zu. Bis er schließlich bei der letzten Klausel nur noch warten muss, dass sie ihm abgabenfrei an seinen Wunschort geliefert wird. Von der Struktur her sind die Klauseln recht einfach zu handhaben und schnell erklärt. In

## 6.6 D- oder Ankunftsklauseln

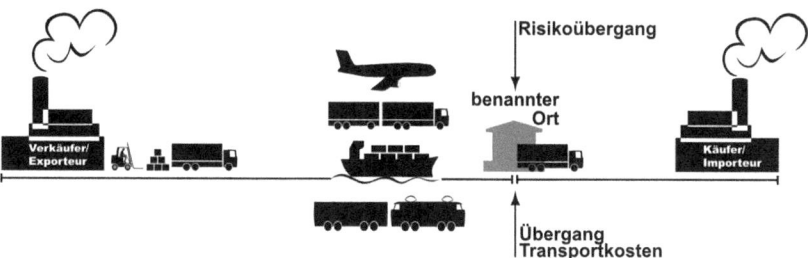

**Abb. 6.10** Risiko- und Kostenübergang DAP. (Grafik: Udo Steinmetz)

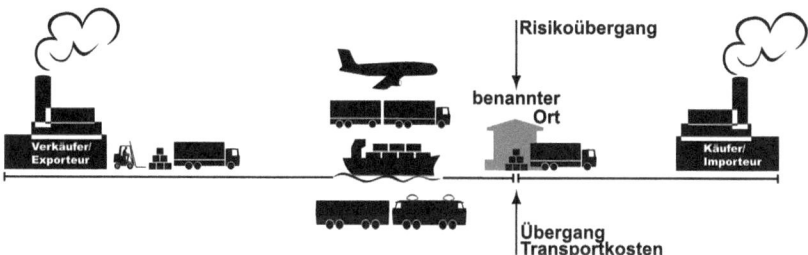

**Abb. 6.11** Risiko- und Kostenübergang DPU. (Grafik: Udo Steinmetz)

der Praxis können erhebliche Probleme, insbesondere bei der oben bereits erwähnten Klausel DDP, benannter Ort, Incoterms® 2020, auftreten.

*DAP (Delivered At Place)*
Noch näher zum Kunden kommt die Ware, wenn die Klausel DAP, benannter Ort, Incoterms® 2020 vereinbart wurde. Ihr zufolge übergibt der Verkäufer die Ware dem Käufer an einem vereinbarten Ort. Dabei spielt es keine Rolle, welcher Art der Ort ist. Es kann sich dabei um eine Grenzstation, einen Parkplatz oder das Werk des Kunden handeln. Der Verkäufer liefert exportfrei bis zum vereinbarten Ort und stellt die Ware zur Entladung durch den Käufer bereit. Diesem obliegen die Einfuhrformalitäten. Sobald die Ware entladebereit ist, geht das Risiko vom Verkäufer auf den Käufer über. Der Ort sollte so genau wie möglich benannt werden (Abb. 6.10).

*DPU (Delivered at Place Unloaded)*
Die Klausel DPU, benannter Ort, Incoterms® 2020 löst die Klausel DAT (Delivered At Terminal), benanntes Terminal Incoterms® 2010 ab. Die Neufassung gilt nun für einen vereinbarten Ort im Bestimmungsland, wo der Verkäufer die Ware entlädt und zur Verfügung stellt. Der Verkäufer liefert die Ware exportfrei bis zu einem

vereinbarten Ort – der natürlich ein Terminal sein kann – und besorgt die Entladung auf seine Kosten. Insofern nimmt diese Klausel eine Sonderstellung ein, denn sie ist die einzige, die dem Verkäufer die Entladung auferlegt. Die Einfuhrformalitäten regelt der Käufer und das Risiko geht auf ihn über, sobald die Ware am vereinbarten Ort entladen zur Verfügung gestellt wurde. Als Ort kann dabei vieles gelten, ein Kai, eine Lagerhalle, ein Containerdepot oder ein Straßen-, Schienen-, Zoll- oder Luftfrachtterminal. Die Klausel eignet sich gut etwa für Baustoffhändler, wenn sie Material an eine Baustelle liefern, wo es mit einem Kran, der auf dem Lkw montiert ist, entladen wird. Oder beispielsweise, ein Tankschiff entlädt Flüssigkeiten mit eigenem Entladevorrichtungen und Schläuchen in große Tanks im Empfangshafen (Abb. 6.11).

*DDP (Delivered Duty Paid)*
Was EXW, benannter Ort, Incoterms® 2020 für den Verkäufer ist, ist DDP, benannter Ort, Incoterms® 2020 für den Käufer. Denn der Verkäufer trägt alle Kosten und Risiken für die Ware, bis sie entladebereit am vereinbarten Ort dem Käufer zur Verfügung steht. Unter DDP, benannter Ort, Incoterms® 2020 muss der Verkäufer auch die Einfuhrformalitäten übernehmen, einschließlich Verzollung und Einfuhrabgaben des Bestimmungslandes, sofern es sich nicht um innerstaatlichen Handel handelt. Anwendbar ist diese Klausel auf alle Transportarten. Vorsicht ist allerdings geboten. Es kommt immer wieder zu unangenehmen und teuren Folgen zoll- und steuerrechtlicher Art, wenn der Verkäufer bestimmte vertragliche Vereinbarungen, die die Klausel vorschreibt, rechtlich nicht erfüllen kann (Abb. 6.12).

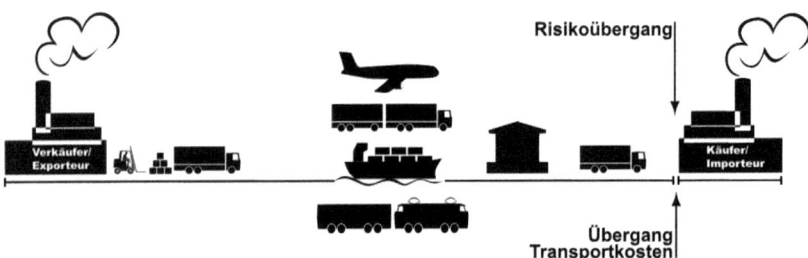

**Abb. 6.12** Risiko- und Kostenübergang DDP. (Grafik: Udo Steinmetz)

## A2 und B2 – Lieferung und Übernahme

Die D-Klauseln schließlich verlangen vom Verkäufer, dass er die Ware an den benannten Ort geliefert zur Verfügung stellt – oder sie beschafft. DPU ist dabei, wie gesagt, die einzige Klausel, bei der der Verkäufer auch noch die Entladung übernehmen muss. In den Fällen DAP und DDP, benannter Ort, Incoterms® 2020 muss er die Ware entladebereit zur Verfügung stellen. Auch hier gilt wieder der vereinbarte Zeitpunkt oder der vereinbarte Zeitraum der Übernahme durch den Käufer.

## A3 und B3 – Gefahrenübergang

Die D-Klauseln verhalten sich in etwa wie Frei-Haus-Klauseln. Die Gefahr geht ab der Lieferung und Übernahme der Ware gemäß A2 auf den Käufer über. Ort und Zeitpunkt gibt die Vereinbarung vor.

Die Gefahr geht ab dem vereinbarten Lieferzeitpunkt oder nach einer vereinbarten Lieferfrist auch dann auf den Käufer über, wenn er den Verkäufer nicht über eine bestimmte Stelle am vereinbarten Ort informiert hat – allerdings nur dann, wenn die Ware eindeutig als die vertraglich vereinbarte zu erkennen war.

## A4 und B4 – Transport

Die Verkäufer und Käuferpflichten für die Transportkosten und -organisation ähneln bei den D-Klauseln dem, was für CPT, benannter Ort, Incoterms® 2020 gilt. Mit dem Unterschied, dass der Verkäufer das Risiko während des gesamten Transports bis zum benannten Ort der Übergabe trägt. Der Verkäufer schließt also einen Beförderungsvertrag auf seine Kosten und sein Risiko ab. Der Transportweg verläuft sozusagen von der Haustür des Verkäufers bis zu dem benannten Übergabeort. Ist am benannten Übergabeort keine bestimmte Stelle zur Warenübernahme vereinbart und ergibt sie sich auch nicht aus der Handelspraxis, kann der Verkäufer auch hier eine Stelle bestimmen, die ihm geeignet scheint.

Bei DAP, benannter Ort, Incoterms® 2020 schließt der Verkäufer einen Beförderungsvertrag ab, die Ware bis zum benannten Ort oder Hafen zu transportieren oder er bewerkstelligt den Transport mit seinen Mitteln.

Der Käufer hingegen muss keinen Beförderungsvertrag für den Verkäufer abschließen.

> **Beispiel**
>
> *Brammencoil hat eine für sie kleinere Lieferung Stahl nach Antwerpen, bei der es sich für das Unternehmen anbietet, den Transport mit eigenen Mitteln zu stemmen. Ohne großen Aufwand wird ein eigener Lkw beladen, der sich von Dortmund aus auf den Weg nach Antwerpen macht.*

## A5 und B5 – Versicherungen

Versicherungspflichten bestehen nicht. Allerdings muss der Käufer dem Verkäufer auf dessen Verlangen die Informationen zur Verfügung stellen, die für eine Versicherung nötig sind.

## A6 und B6 – Liefer-/Transportdokument

Die D-Klauseln bestimmen, dass der Verkäufer auf seine Kosten dem Käufer die Dokumente zur Verfügung stellt, mit denen dieser die Ware am benannten Ort entgegennehmen kann. Der Käufer muss die Dokumente annehmen.

## A7 und B7 – Ausfuhr-/Einfuhrabfertigung,

Noch weiter als bei den vorherigen Klauseln nehmen die D- oder Lieferklauseln dem Käufer die Formalitäten ab und legen sie dem Verkäufer auf. Er muss nun die Formalien für die Ausfuhr, Zoll und Durchfahrten bis zum Zielland erledigen.

Der Käufer muss bei den Klauseln DAP und DPU, benannter Ort, Incoterms® 2020 noch die Einfuhrformalitäten – behördliche Genehmigungen und Zollformalitäten – auf seine Kosten und Gefahr besorgen. Lediglich bei der Klausel DDP, benannter Ort, Incoterms® 2020 kann er warten, bis der Verkäufer ihm sozusagen alles bis ans Werktor bringt. Der Verkäufer hat im Fall dieser Klausel auch die Einfuhrformalitäten zu erledigen.

Wenigstens hat der Käufer hier die Pflicht, den Verkäufer auf dessen Kosten und Gefahr mit Informationen über die Einfuhrformalitäten zu unterstützten, wenn dieser dies verlangt. Ebenfalls muss der Käufer bei

## 6.6 D- oder Ankunftsklauseln

- Informationen oder Dokumentenbeschaffung für den Transport über mehrere Landesgrenzen hinweg,
- der Erfüllung von Sicherheitsanforderungen,
- behördlichen Genehmigungen und
- Warenkontrollen vor einer Verladung

unterstützen; bei den Formalitäten also, die zu erledigen Aufgabe des Verkäufers ist, wie bereits in den F- und C-Klauseln.

## A8 und B8 – Prüfung/Verpackung/Kennzeichnung

Bei den D-Klauseln stimmen die Pflichten von Verkäufer und Käufer mit den unter F- und C-Klauseln genannten Details überein.

## A9 und B9 – Kostenverteilung

Auch bei den D-Klauseln hat der Verkäufer keine Kosten, die der Käufer durch seine Versäumnisse oder Fehler verursacht hat. Das sind:

- Fehler bei Einfuhrgenehmigungen oder Zollformalitäten,
- unzureichende Information über den Zeitpunkt innerhalb einer vereinbarten Lieferfrist oder
- unzureichende Information über die vom Käufer vorgesehene Stelle am Lieferort.

Auch hier gilt dabei die Voraussetzung, dass die Ware eindeutig als die vertraglich vereinbarte zu erkennen ist.

Muss die Ware über eine oder mehrere Landesgrenzen transportiert werden, so trägt der Verkäufer die Kosten für die entsprechenden Formalitäten und Abgaben sowie für die Ausfuhr der Ware.

Ist die Ware vereinbarungsgemäß am benannten Bestimmungsort abgeliefert, beginnen die Kosten für den Käufer. Das betrifft neben dem weiteren möglichen Transport die Kosten für Zölle, Steuern und Abgaben, die für die Einfuhr der Ware zu entrichten sind. Nach Ziffer B7 ist der Käufer bei DAP und DDU, benannter Ort, Incoterms® 2020 verpflichtet, Genehmigungen und Zollformalitäten für die Einfuhr der Ware zu besorgen. Im Falle von DDP, benannter Ort, Incoterms® 2020 muss er den Verkäufer lediglich mit entsprechenden Informationen unterstützen.

Macht er dabei Fehler, die dem Verkäufer Mehrkosten verursachen, so muss der Käufer sie auch zahlen. Typisch ist, dass der Käufer ab Lieferung am benannten Ort, die weiteren Transportkosten und die Entladung vom Transportmittel des Verkäufers übernimmt, mit Ausnahme von DPU, benannter Ort, Incoterms® 2020.

> **Beispiel**
>
> *Natürlich können die Vertragspartner die Entladung individuell regeln. Brammencoil liefert nun einmal Stahl zu einer Baustelle mit einem Lkw, auf dem ein Kran montiert ist. Es versteht sich fast von selbst, dass das Unternehmen den Stahl ablädt, auch wenn DAP und DDP, benannter Ort, Incoterms® 2020 dies eigentlich nicht vorsehen.*

Die Kosten des Transports, – gegebenenfalls Umladen unterwegs – und insbesondere für das Entladen trägt bei DPU, benannter Ort, Incoterms® 2020 der Verkäufer.

Mit dem Transport der Ware besorgt der Verkäufer auch die notwendigen Formalitäten inklusive der Ausfuhrgenehmigungen, Zölle, Steuern und Zollformalitäten auf seine Kosten. Wenn zutreffend, kommt er auch für die Durchfahrt durch ein oder mehrere Länder auf.

Bei DAP und DPU, benannter Ort, Incoterms® 2020 übernimmt der Käufer auch die Kosten, die für die Einfuhr der Ware fällig werden. Bei DDP, benannter Ort, Incoterms® 2020 übernimmt der Verkäufer auch diese Kosten.

## A10 und B10 – Benachrichtigungen

Die D-Klauseln verpflichten den Verkäufer, den Käufer über alles zu informieren, was dieser für die Übernahme der Ware wissen muss. Umgekehrt teilt der Käufer dem Verkäufer mit, zu welchem Zeitpunkt und an welcher Stelle er die Ware übernehmen wird, vorausgesetzt, er kann dies laut Vereinbarung tun.

# 7 Einige gebräuchliche Zahlungsarten im Außenhandel

Das Kapitel ist ein Exkurs zum heimlichen Hauptthema des Buches: Geld und Zahlung. Es stellt nicht erschöpfend, aber einige wichtige, weil gebräuchliche, Zahlungsweisen im Außenhandel vor. Insbesondere das Akkreditiv wird angesprochen und grundsätzlich erläutert.

Wenn die Ware zu den ausgehandelten Bedingungen bereitsteht, ist sie noch nicht bezahlt. Tatsächlich lassen die Incoterms® 2020 die Zahlungsmodalitäten außen vor, wenn sie auch – wie oben angedeutet – zwischen den Zeilen auf sie eingehen. Aber auch wenn die Incoterms® 2020 das Thema Zahlung nicht regeln, so sind doch einige Klauseln besser oder schlechter für die verschiedenen Zahlungsweisen geeignet.

Welche der im Folgenden skizzierten, mehr oder weniger gebräuchlichen Zahlungsweisen zu einem Geschäft passen, bleibt letztlich eine Frage der unternehmerischen Klugheit. Wie bei der Wahl der Klauseln selbst, hängen Vereinbarungen zur Zahlung von den tatsächlichen Gegebenheiten und der Kundenpolitik eines Unternehmens ab. Die Frage, wer das Heft des Handelns in der Hand hält, spielt auch hier hinein. Der Verkäufer kann froh sein, wenn der Käufer spätestens mit Risikoübergang gemäß der vereinbarten Klausel zahlt. Der Käufer wird erst zahlen wollen, wenn er über die Ware verfügt und sie gegebenenfalls prüfen konnte. Gegen ein Zahlungsziel nach Erhalt der Ware wird er in der Regel auch nichts einwenden.

© Der/die Herausgeber bzw. der/die Autor(en), exklusiv lizenziert durch
Springer Fachmedien Wiesbaden GmbH, ein Teil von Springer Nature 2020
W. Müller, U. Steinmetz, *Internationale Handelsklauseln*,
https://doi.org/10.1007/978-3-658-30213-9_7

> **Beispiel**
>
> *Angenommen, Parsteel fürchtet die Auswirkungen von Wirtschaftssanktionen. Es wird dann das Transportrisiko soweit es geht, auf Brammencoil wälzen und beispielsweise eine D-Klausel vereinbaren wollen. Umgekehrt wird Brammencoil zusehen, dass die Zahlung der Ware nicht in einem Embargo hängen bleibt und entsprechende Zahlungsmodi aushandeln, die nach Möglichkeit von einer zwischengeschalteten Bank abgesichert sind.*
>
> *Zu Türksaç möchte Brammencoil eine gute Partnerschaft pflegen. Um es dem Partner bequem zu machen, schlägt Brammencoil hier auch eine D-Klausel vor und schickt eine Rechnung mit Zahlungsziel sechs Wochen nach Lieferung, z. B. gemäß DAP, vereinbarter Ort, Incoterms® 2020. Brammencoil kann auf die Zahlungsdisziplin von Türksaç vertrauen. Wenn nicht, kann es auch hier die Zahlung durch Einschalten von Banken absichern.*

Ein Aspekt eigener Art übrigens, ist die Wahl des Zahlungsziels im Zusammenspiel mit Steuer- und Zollregeln. Das Beispiel EXW, benannter Ort, Incoterms® 2020 soll an dieser Stelle zur Illustration reichen, die das Fenster zu einem zugleich spannenden wie vielschichtigen Thema ist.

> **Beispiel**
>
> *Brammencoil liefert EXW, Lager Dortmund, Incoterms® 2020 5 Tonnen Stahl an die Jachtbau GmbH in Konstanz. Nach der Klausel gilt die Ware als geliefert, wenn sie abholbereit zur Verfügung steht. Der Begriff EXW ohne den Zusatz Incoterms® kann in anderem Zusammenhang, wenn es um die Umsatzsteuerberechnung geht bedeuten, verladen auf abholendes Fahrzeug. Wenn es um die Eigentumsdarstellung in Bilanzen geht, wird der Wirtschaftsprüfer die Verbuchung der Lieferung beispielsweise beim Wareneingang des Käufers buchen. Das Beispiel zeigt, dass es mindestens zwei weitere Lesarten des Kürzels EXW gibt.*

Die Vertragsparteien sind gut beraten, immer auch steuerrechtliche und zollrechtliche Aspekte im Blick zu halten.

Vor- und Nachteile der Zahlungsweisen ergeben sich im Gedankenspiel mit den Klauseln.

> **Beispiel**
>
> *Brammencoil hat etwa 10 Tonnen Stahl EXW, benannter Ort, Incoterms® 2020 geliefert und Zahlung nach Erhalt der Ware vereinbart. Der Käufer holt den Stahl demnach selbst ab, lädt ihn auf und fährt Richtung Heimat. Angenommen, sie befindet sich in einem fernen Land jenseits der EU, wo heitere Lebensart und eine tiefen-*

# 7 Einige gebräuchliche Zahlungsarten im Außenhandel

*entspannte Gerichtsbarkeit herrschen. Weiter angenommen, im heiteren Lebensgefühl vergisst der Käufer, die Rechnung zu begleichen. Nun, dann sind die 10 Tonnen Stahl eben weg, das Geld aber noch lange nicht da. Vorkasse oder Zahlung von Abschlägen wären in diesem ausgedachten Beispiel sicherer für den Verkäufer gewesen.*

Grob lassen sich die gebräuchlichsten Zahlungsweisen in zwei Gruppen unterscheiden; solche, bei denen die Vertragspartner direkt die Zahlungsmodalitäten abwickeln und solche, bei denen eine oder mehrere Banken zwischengeschaltet sind. Zu den ersten üblichen Zahlungsweisen gehören zuvorderst:

*Zahlung bei Lieferung – Cash on Delivery (COD)*
Der Käufer zahlt bei Erhalt der Ware; im Falle EXW, benannter Ort, Incoterms® 2020 mit der Abholung der Ware, im Falle DDP, benannter Ort, Incoterms® 2020 präsentiert der Verkäufer bei Lieferung der Ware die Rechnung. Ein Risiko für den Verkäufer besteht, wenn sich der Käufer weigert die Ware abzuholen, zu übernehmen oder anzunehmen (Abb. 7.1).

*Zahlung gegen Rechnung – Clean Payment*
Der Verkäufer stellt eine Rechnung mit einem Zahlungsziel nach Lieferung der Ware. Der Käufer hat die Gelegenheit, die Qualität der Ware zu prüfen und das Zahlungsziel auszunutzen. Eine Garantie, dass die Rechnung bezahlt wird, hat der Verkäufer nicht (Abb. 7.2).

*Vorauszahlung – Cash before Delivery (CBD)*
Der Käufer bezahlt vor Erhalt der Ware, was für den Verkäufer angenehm ist, dem Käufer aber das hohe Risiko auferlegt, ob die Ware wie vereinbart geliefert wird oder schlimmstenfalls, ob überhaupt (Abb. 7.3).

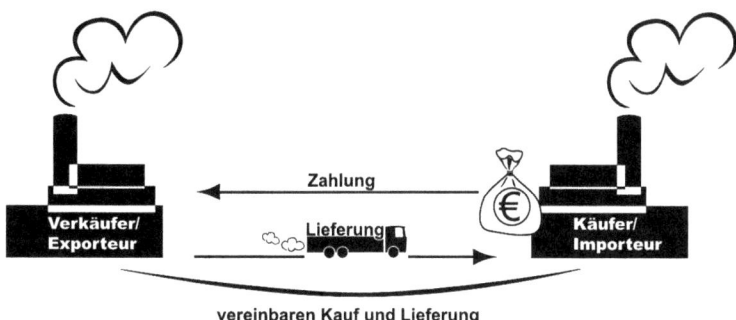

**Abb. 7.1** Cash on Delivery. (Grafik: Udo Steinmetz)

**Abb. 7.2** Clean Payment. (Grafik: Udo Steinmetz)

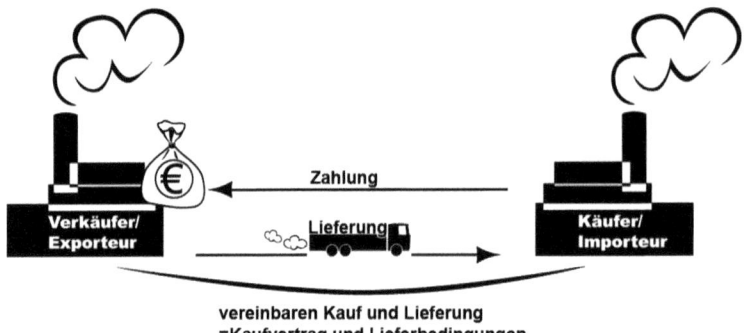

**Abb. 7.3** Cash before Delivery. (Grafik: Udo Steinmetz)

*Abschlagszahlungen – Payment on Account*
Der Käufer zahlt in vereinbarten Abständen oder im Zuge des Fortschritts von Herstellung und Transport Beträge, bis der Kaufpreis erreicht ist. Sein Vorteil liegt in der Möglichkeit, bei Unstimmigkeiten Zahlungen zurück zu halten (Abb. 7.4).

*Bankaval – Payment Guarantee*
Hier kommt die Bank des Käufers als Bürge ins Spiel. Der Käufer handelt mit seiner Bank aus, dass sie eine Garantie oder Bürgschaft zugunsten des Verkäufers übernimmt, dass diesem innerhalb eines vereinbarten Zahlungsziels die Ware bezahlt wird. Ein Vorteil für den Käufer sind die vergleichsweise niedrigen Bankgebühren. Der Verkäufer profitiert von der Zahlungssicherheit (Abb. 7.5).

Die Zahlungsweisen setzen soweit auf Vertrauen zwischen den Vertragspartnern. Wenn das Vertrauen nicht reicht, kommen weitere Zahlungsweisen ins Spiel, bei denen Banken das Zahlungsrisiko abfedern. Eigen ist ihnen, dass Zahlungen an die Vorlage von Dokumenten gekoppelt sind, die von der oder den involvierten

# 7 Einige gebräuchliche Zahlungsarten im Außenhandel

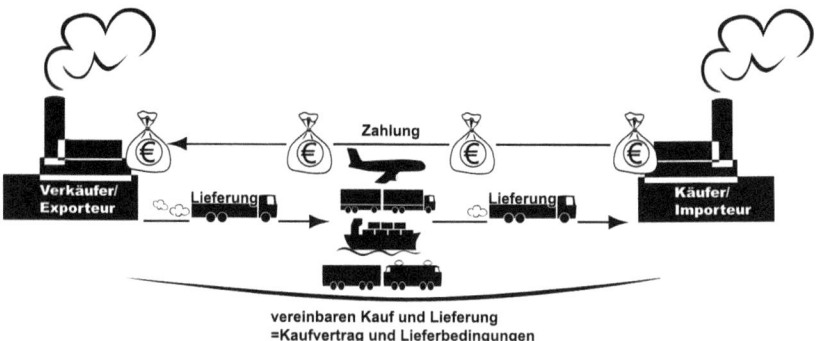

**Abb. 7.4** Payment on Account. (Grafik: Udo Steinmetz)

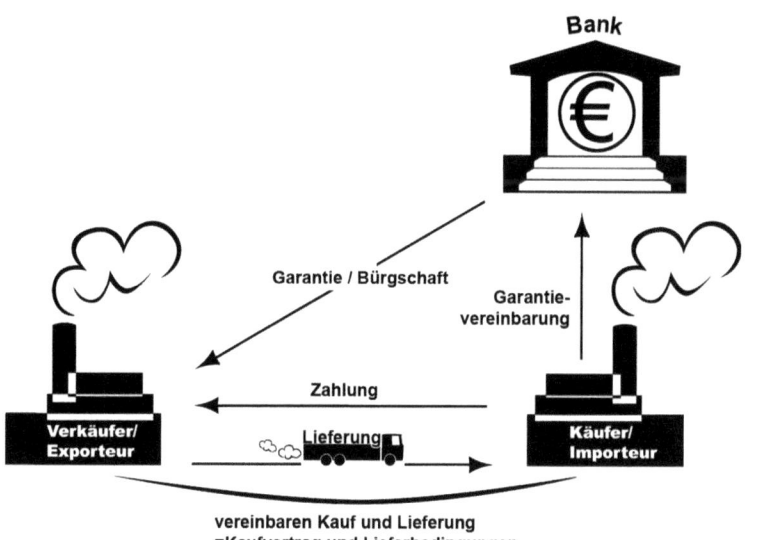

**Abb. 7.5** Payment Guarantee. (Grafik: Udo Steinmetz)

Banken geprüft werden – so kommen diese Zahlungsweisen zu ihrem Begriff Dokumenteninkasso. Die Dokumente können ein beachtliches Bündel formaler Erfordernisse bilden, insbesondere beim sogenannten Akkreditiv: Zu den erforderlichen Dokumenten zählen eine Warenbeschreibung einschließlich Menge und Art der Verpackung, Ort und Zeitraum der Lieferung sowie eine Frist für die Vorlage der Dokumente, die Handelsrechnung, Frachtrechnung, Packliste, das Ursprungszeugnis – die Geburtsurkunde der Waren und ihrer Komponenten und eventuell weitere Dokumente. Dann muss der Verkäufer Ladepapiere oder Transportdokumente vorlegen, wie ein Konnossement oder Bill of Lading bei Seefracht, einen

Fracht- oder Luftfrachtbrief, je nach dem Versicherungsnachweise für den Transport oder Zertifikate von Warenprüfern.

Im Außenhandel gebräuchliche Dokumenteninkassi sind:

*Zahlung gegen Dokumente – Cash against Documents (C/D) oder Documents against Payment (D/C)*
Der Verkäufer liefert die Ware etwa nach CPT, benannter Ort, Incoterms® 2020. Sobald jene vereinbarten Dokumente vollständig sind, die dem Käufer die Verfügungsmacht über die Ware geben, wird die Kaufsumme fällig. Die Dokumente hat der Verkäufer in der Regel einer Bank seines Vertrauens übergeben, der einreichenden Bank. Diese übergibt die Dokumente einer weiteren Bank, hier Inkassobank genannt, die die Dokumente prüft und den Käufer informiert. Sie wird dem Käufer die Dokumente aushändigen, damit er über die Ware verfügen kann. Aber nur, wenn dieser die Ware bezahlt. Sollte er dies nicht tun, bekommt der Verkäufer die Dokumente zurück, mit denen er sich als Eigentümer ausweisen und die Ware wieder in Besitz nehmen kann. Für den Käufer bleibt ein Risiko, dass er den ganzen Betrag zahlt, bevor er die Ware selbst prüfen konnte. Andererseits kann er die Zahlung auch verweigern. Der Rücktransport oder Weiterverkauf der Ware ist dann Angelegenheit des Verkäufers.

Eine Spielart der Zahlung gegen Dokumente sieht die schrittweise Zahlung ähnlich den Abschlagszahlungen vor. Und zwar erfolgen Teilzahlungen mit dem Fortschritt des Transports, der durch Vorlage von Dokumenten belegt wird. Beispielsweise, wenn die Beladung des Transportmittels für den Hauptlauf belegt ist, oder die Warenprüfung erfolgt und die Dokumentation vorliegt (Abb. 7.6).

*Dokumente gegen Akzept – Documents against Acceptance (D/A)*
Wie bei der Zahlung gegen Dokumente reicht der Verkäufer die vereinbarten Dokumente über seine Bank, auch hier einreichende Bank genannt, an die Inkassobank weiter. Bei dieser Zahlungsweise wird jedoch ein Zahlungsziel vereinbart. Der Käufer erhält die Dokumente innerhalb des Zahlungsziels ausgehändigt und kann die Ware abholen, zahlt jedoch erst zum vereinbarten Termin. Dem Verkäufer fehlt bis jetzt die Sicherheit, ob der Käufer tatsächlich zahlt oder nicht. Diese wird durch einen Wechsel in Form eines Akzepts hergestellt, den die Inkassobank vom Käufer verlangen kann. Der Käufer beauftragt so gesehen mit dem Akzept die Inkassobank mit der Zahlung des Kaufpreises zu einem vereinbarten Zeitpunkt. Mit dem Wechsel hat der Verkäufer ein abstraktes Zahlungsversprechen der Bank in der Hand, das nicht mehr an die tatsächliche Lieferung der Ware gekoppelt ist, sondern für sich eingefordert werden kann – von jedem, der den Wechsel vorlegt, etwa wenn der Verkäufer seine Forderung an Dritte weiter veräußert (Abb. 7.7).

*Akkreditiv – Letter of Credit (L/C)*
Unter dem Gesichtspunkt der Zahlungssicherheit kommt das Akkreditiv ins Spiel. Es gibt diverse Spielarten des Akkreditivs; hier wird im Folgenden als Grund-

# 7 Einige gebräuchliche Zahlungsarten im Außenhandel

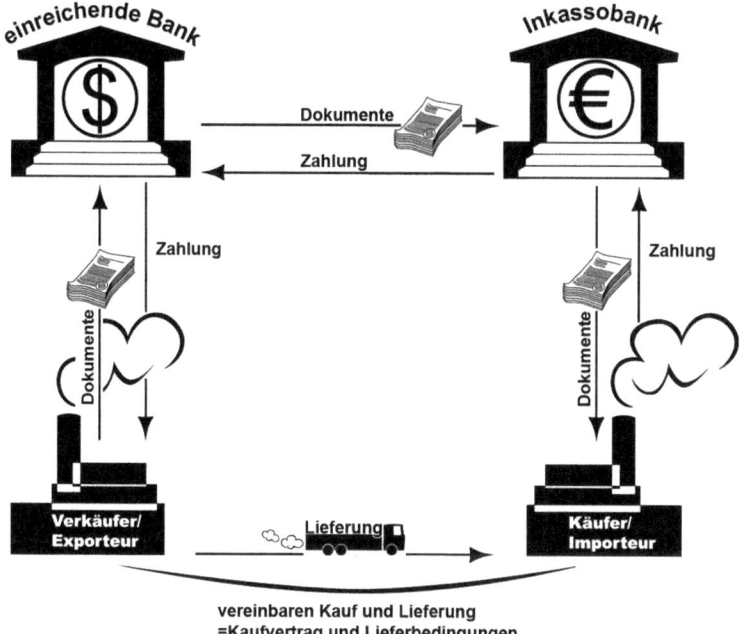

**Abb. 7.6** Cash against Documents. (Grafik: Udo Steinmetz)

schema das Dokumentenakkreditiv skizziert, wie es auch von der ICC mit der ERA 600 standardisiert wurde.

Vereinfacht gesagt, beauftragt beim Akkreditiv der Käufer seine Bank mit der Zahlung des Warenpreises an den Verkäufer. Die Bank lässt sich freilich nur dann darauf ein, wenn der Käufer über ein entsprechendes Guthaben oder eine entsprechende Kreditlinie verfügt.

Aus Sicht des Käufers greift sie diesem unter die Arme. Aus Sicht des Verkäufers ist die Zahlung des Kaufpreises gesichert. Denn mit dem Akkreditiv verpflichtet sich die Bank unwiderruflich zu zahlen, sobald die erforderlichen Dokumente ordnungsgemäß ausgestellt sind und der Bank vorliegen. Mit dieser Verpflichtung kann sich der Verkäufer direkt bei der Bank des Käufers schadlos halten. Das Akkreditiv ist in dieser Hinsicht ein selbstschuldnerisches Zahlungsversprechen der Bank. Es ist weiterhin ein abstraktes Zahlungsversprechen. Die Zahlung ist an das Vorliegen der erforderlichen Dokumente geknüpft, unabhängig, ob Käufer und Verkäufer über die eigentliche Ware in Zwist geraten (Abb. 7.8).

In der Regel schaltet die Bank des Käufers – eröffnende Bank genannt – noch eine weitere Bank – die avisierende Bank – im Land des Verkäufers ein. Diese

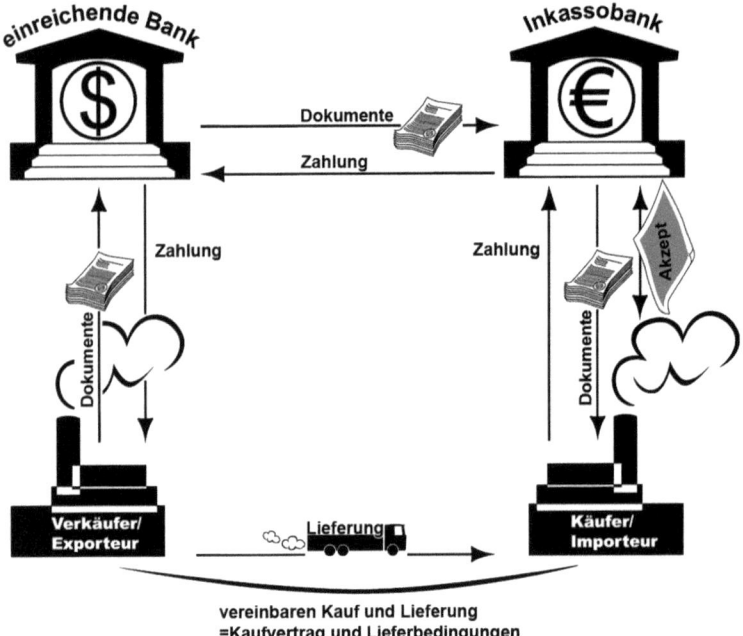

**Abb. 7.7** Documents against Acceptance. (Grafik: Udo Steinmetz)

korrespondiert mit der eröffnenden Bank beim formalen Procedere des Akkreditivs und zahlt, wenn alles seine formale Ordnung hat, dem Verkäufer den Kaufpreis aus.

Ein weiterer Vorteil, aus Sicht der Incoterms® 2020, ist die Möglichkeit für den Verkäufer, sein Geld mit dem Gefahrübergang zu erhalten.

**Beispiel**

*Ein Maschinenteil soll per Luftfracht gemäß FCA 2. Variante FCA, benannter Flughafen, Incoterms® 2020 verschickt werden. Am benannten Flughafen lädt der Frachtführer des Käufers das Teil in den Flieger und zeichnet alle erforderlichen Dokumente ab, die der Verkäufer zur Zahlung aus dem Akkreditiv benötigt. Die kann er über seine avisierende Bank der eröffnenden Bank vorlegen und erhält nach eingehender Prüfung die vereinbarte Summe.*

Wenn eine der Banken Ungereimtheiten bei den Dokumenten entdeckt, wird die avisierende Bank nicht auszahlen. Auch wenn vereinbarte Fristen nicht eingehalten wurden, erklärt sie das Akkreditiv für ungültig. Denn die eröffnende Bank des Käufers und die avisierende Bank des Verkäufers haben sich im Detail darüber ver-

7  Einige gebräuchliche Zahlungsarten im Außenhandel

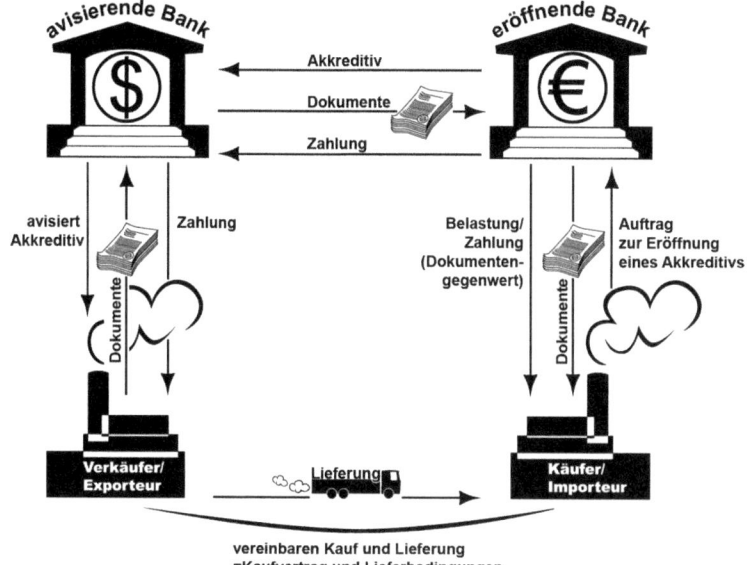

**Abb. 7.8** Akkreditiv. (Grafik: Udo Steinmetz)

ständigt, was der Verkäufer alles vorlegen muss. Für das Akkreditiv kann das leicht zum Problem werden.

### Beispiel

*Angenommen, in einem Vertrag ist FOB, Hafen Hamburg, Incoterms® 2020 vereinbart. Die vom Käufer mit dem Transport beauftragte Reederei läuft aber Hamburg nun doch nicht an, sondern Rotterdam. Der Verkäufer wird in Rotterdam nicht bestätigt bekommen können, dass Ware wie vereinbart in Hamburg angekommen ist. Die eröffnende Bank des Kunden hat aber in ihren Dokumenten Hamburg als Zielhafen vermerkt. Sie wird der Bank des Verkäufers, der avisierenden Bank, die Rechnungssumme wegen dieser Unstimmigkeit nicht überweisen.*

*Oder, das Transportmittel kommt am vereinbarten Ort an, jedoch zeitlich jenseits des vereinbarten Liefertermins. Auch dann verfällt das Akkreditiv.*

Für den Käufer hat das Akkreditiv unter anderem den Vorteil, dass die Zahlung des Kaufpreises seine Liquidität nicht belastet. Auch ist gewiss, dass er nur zahlen muss, wenn alle nötigen Dokumente ordnungsgemäß vorhanden sind. Allerdings kann es geschehen, dass der Verkäufer zwar die richtigen Dokumente liefert, aber die Ware doch nicht dem Kaufvertrag entspricht. In diesem Falle wird die avisierende Bank dennoch zahlen – das abstrakte Zahlungsversprechen ist nun einmal an die Dokumente geknüpft.

Das Akkreditiv ist übrigens ein schönes Beispiel für die Vagheit, mit der sich genaue Tipps für die Wahl von Zahlungsweisen bei den Incoterms® 2020-Klauseln geben lassen: Je nach Unwägbarkeit von Transportbedingungen bietet sich oft statt des Akkreditivs als Zahlungsweise D/C – Zahlung gegen Dokumente – an. Insgesamt ist abzuwägen, ob sich das umständliche Procedere des Akkreditivs lohnt, z. B. ob es sich um eine aufwändige Anlage handelt, bei der eine Bankabsicherung den Verkäufer ruhig schlafen lässt. Oder ob es sich um eine Schiffsladung mit Schüttgut handelt, bei der Aufwand und Bankgebühren des Akkreditivs wie eine Kanone wirken, die auf einen Spatz zielt. Wobei hier gleich die Bemerkung hingehört, dass das Akkreditiv bei Schifffahrtsklauseln insgesamt mit großer Vorsicht zu genießen ist. Denn hier geraten zu leicht etwa Fristen aus dem Ruder (Tab. 7.1).

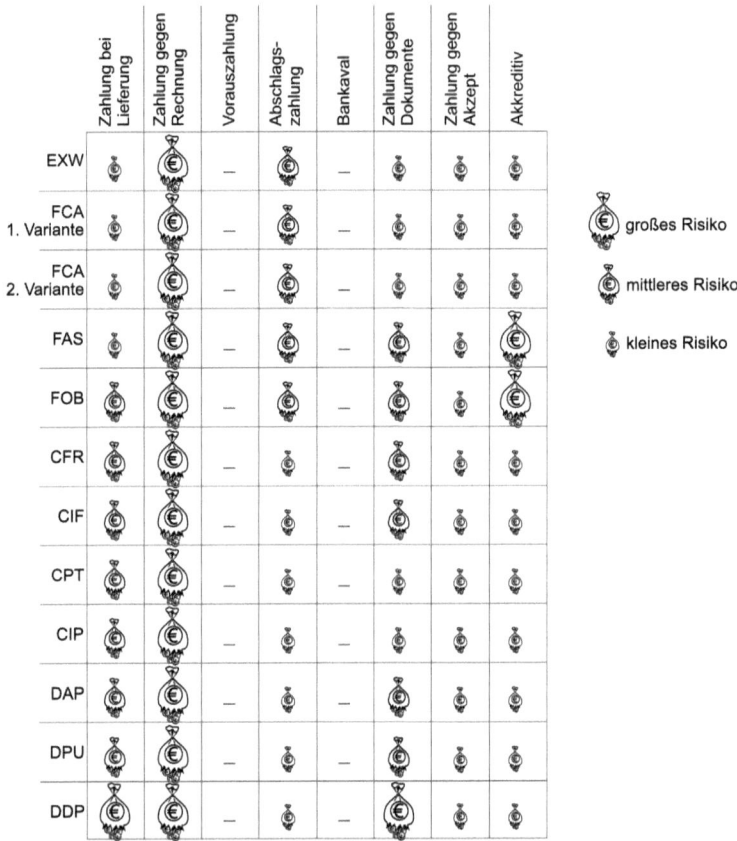

**Tab. 7.1** Zahlungsrisiken aus Verkäufersicht

# Kalkulationsschema 8

Wenn, wie beschrieben, die Klauseln von EXW bis DDP, benannter Ort, Incoterms® 2020 den Moment des Gefahrübergangs immer weiter in Richtung des Verkäufers verschieben, dann sollte sich dies auch in den Kosten des Transports mit den damit verbundenen Pflichten widerspiegeln. Je länger die Gefahr oder das Risiko beim Verkäufer liegt, desto mehr Kosten trägt er auch (Tab. 8.1).

Der Vollständigkeit halber zeigt Tab. 8.2 die Kostenverteilung aus Sicht des Käufers, hier als Einkäufer bezeichnet.

Die Wahl der geeigneten Incoterm® 2020-Klausel bemisst sich an den Kosten und dem Aufwand, den ein Unternehmen bewältigen kann. Ein kleines Technologieunternehmen kann kaum die Transportkette à la DDP, benannter Ort, Incoterms® 2020 organisieren. Ein großer Verlader wird vielleicht genau diese Klausel vorziehen, wenn er dadurch eine Route optimal planen kann, auf der er mehrere Kunden beliefert. Es ist ein Unterschied, ob ein Transport innerhalb Europas geschehen soll oder ob es nach Russland geht. Bei Transporten außerhalb der EU-Grenzen kann es zu ärgerlichen Verzögerungen bei der Einfuhr in das Zielland kommen. Dann wäre es ratsam den Transport gemäß DAP, benannter Ort, Incoterms® 2020 an der Landesgrenze in die Hand des Käufers zu geben. So gesehen, gibt es keine genau richtige Incoterms® 2020-Klausel. Es gibt unpassend, gut oder besser gewählte Klauseln, je nach Ausgangssituation und Unternehmenspolitik.

**Tab. 8.1** Schrittweise Zunahme der Kosten des Transports aus Sicht des Verkäufers

| | Produzieren oder Verschaffen der Ware, Verpacken, Kennzeichnen und Qualitätskontrolle, Bereitstellen für Weitertransport | Ausfuhrformalitäten, Verladen auf das erste Transportmittel des Käufers oder Bereitstellen am benannten Ort, Transportdokumente | Transport bis benannten Ort, Flug- oder Verschiffungshafen, Ausfertigen begebbarer Dokumente | Umladen der Ware – bei Seefracht Verladen an Bord des Schiffes im benannten Verschiffungshafen | Transport bis zum benannten Ort, Abwicklung des Hauptlaufs des Transports bis zum Bestimmungsort | Dokumente bis zum benannten Bestimmungsort | Entladen am benannten Ort | Einfuhrformalitäten | Weitere Formalitäten, Transport bis zum benannten Bestimmungsort | Abschluss einer Transportversicherung |
|---|---|---|---|---|---|---|---|---|---|---|
| EXW | Verkäufer | | | | | | | | | |
| FCA | Verkäufer | Verkäufer | | | | | | | | |
| FAS | Verkäufer | Verkäufer | Verkäufer | | | | | | | |
| FOB | Verkäufer | Verkäufer | Verkäufer | Verkäufer | | | | | | |
| CFR | Verkäufer | Verkäufer | Verkäufer | Verkäufer | Verkäufer | | | | | |
| CPT | Verkäufer | Verkäufer | Verkäufer | Verkäufer | Verkäufer | Verkäufer | | | | |
| CIF | Verkäufer | Verkäufer | Verkäufer | Verkäufer | Verkäufer | Verkäufer | | | | Verkäufer |
| CIP | Verkäufer | Verkäufer | Verkäufer | Verkäufer | Verkäufer | Verkäufer | | | | Verkäufer |
| DAP | Verkäufer | Verkäufer | Verkäufer | Verkäufer | Verkäufer | Verkäufer | | | Verkäufer | |
| DPU | Verkäufer | Verkäufer | Verkäufer | Verkäufer | Verkäufer | Verkäufer | Verkäufer | | Verkäufer | |
| DDP | Verkäufer | Verkäufer | Verkäufer | Verkäufer | Verkäufer | Verkäufer | Verkäufer | Verkäufer | Verkäufer | |

# 8 Kalkulationsschema

**Tab. 8.2** Kostenverteilung aus Sicht des Käufers

| | Produzieren oder Verschaffen der Ware, Verpacken, Kennzeichnen und Qualitätskontrolle, Bereitstellen für Weitertransport | Ausfuhrformalitäten, Verladen auf das erste Transportmittel des Käufers oder Bereitstellen am benannten Ort, Transportdokumente | Transport bis zum benannten Ort, Flug- oder Verschiffungshafen, Ausfertigen begebbarer Dokumente | Umladen der Ware – bei Seefracht Verladen an Bord des Schiffes im benannten Verschiffungshafen | Transport bis zum benannten Ort, Abwicklung des Hauptlaufs des Transports bis zum Bestimmungsort | Dokumente bis zum benannten Bestimmungsort | Entladen am benannten Ort | Einfuhrformalitäten | Weitere Formalitäten, Transport bis zum benannten Bestimmungsort | Abschluss einer Transportversicherung |
|---|---|---|---|---|---|---|---|---|---|---|
| EXW | Einkäufer | Einkäufer | Einkäufer | Einkäufer | Einkäufer | Einkäufer | Einkäufer | Einkäufer | Einkäufer | |
| FCA | | Einkäufer | Einkäufer | Einkäufer | Einkäufer | Einkäufer | Einkäufer | Einkäufer | Einkäufer | |
| FAS | | | Einkäufer | Einkäufer | Einkäufer | Einkäufer | Einkäufer | Einkäufer | Einkäufer | |
| FOB | | | | Einkäufer | Einkäufer | Einkäufer | Einkäufer | Einkäufer | Einkäufer | |
| CFR | | | | | | | Einkäufer | Einkäufer | Einkäufer | |
| CPT | | | | | | | Einkäufer | Einkäufer | Einkäufer | |
| CIF | | | | | | | Einkäufer | Einkäufer | Einkäufer | |
| CIP | | | | | | | Einkäufer | Einkäufer | Einkäufer | |
| DAP | | | | | | | Einkäufer | Einkäufer | | |
| DPU | | | | | | | | Einkäufer | | |
| DDP | | | | | | | Einkäufer | | | |

## Beispiel

*Brammencoil ist auch im Anlagenbau tätig. Für ein Unternehmen im Iran, es kann gerne wieder Parsteel sein, hat Brammencoil eine Förderanlage zum Abtransport für heiße Schlacke, wie sie bei der Stahlerzeugung entsteht, projektiert. Die Anlagenteile werden in 40'-Containern verladen. Im Folgenden berechnen die Vertriebsmitarbeiter verschiedene infrage kommende Kalkulationen: Die Anlage selbst hat einen Selbstkostenpreis ab Werk von 100.000 €, nur um eine Zahl zu nennen (Tab. 8.3).*

**Tab. 8.3** Beispiel-Kalkulation

| | | | |
|---|---|---|---|
| EXW | | Herstellung, Verpackung und Kennzeichnung, Qualitätskontrolle Dokumentation und Bereitstellung zur Abholung | 100.000 € |
| Gewinnspanne | | 15 Prozent | 15.000 € |
| Summe | | | 115.000 € |
| FCA erste Version | + | Beladen des Transportmittels des Käufers | |
| | | Ausfuhrformalitäten, Dokumentenerstellung | 100 € |
| Summe | | | 115.100 € |
| FOB | + | Transport zum benannten Verschiffungshafen | 1000 € |
| | | Umladen der Ware auf Schiff im benannten Verschiffungshafen, Terminal Handling ‚Charge (THC[a]) | 300 € |
| | | Ausfertigung begebbarer Dokumente wie Konnossement, | 75 € |
| | | Abwicklungspauschale | 100 € |
| Summe | | | 116.575 € |
| CIF | + | Seetransport bis zum benannten Bestimmungshafen, Transportversicherung | 1000 € |
| Summe | | | 117.575 € |
| DAP | + | Nachlaufkosten bis zum benannten Ort inkl. THC und lokale Hafenkosten | |
| | | Abfertigungsgebühren etc. | 1500 € |
| Summe | | | 119.075 € |
| DDP | + | Verzollungskosten | 150 € |
| | | Zölle | landesspezifisch |
| | | + | |
| | | Einfuhrumsatzsteuer | |
| Summe | | | 119.225 € |

[a]Terminal Handling Charges: Kosten, die für den Containerumschlag im Hafen berechnet werden

# 8 Kalkulationsschema

Je nach Art des Auftrags kann es sinnvoll sein, die Anlage statt als Seefracht per Flugzeug zu transportieren. Dann kämen nicht mehr FOB und CIF, benannter Verschiffungs- oder Bestimmungshafen, Incoterms® 2020, sondern CPT oder CIP, benannter Ort, Incoterms® 2020 als probate Klauseln in Frage.

# Literatur

Altmann, Jörn. 2017. *Außenwirtschaft für Unternehmen/Klassiker der Hochschullehre*. Berlin: UVK Verlagsgesellschaft.

Bernstorff, Christoph. 2020. *Incoterms 2020 by the International Chamber of Commerce (ICC), Kommentierung für die Praxis inklusive offiziellem Regelwerk*. Köln: Reguvis, deutsch-englische Ausgabe.

Bredow, Jens, und Burghard Piltz. 2016. *Incoterms Kommentar*. München: C.H. Beck.

Brenner, Hatto, Matthias Zillmer, und Michael Berger. 2016. *Vertragsgestaltung für Exporteure: Praxisnahe Anleitungen für den Erfolg exportbezogener Kauf- und Vertriebsverträge*. Wiesbaden: Springer Fachmedien.

Büter, Clemens. 2007. *Außenhandel Grundlagen globaler und innergemeinschaftlicher Handelsbeziehungen, Lieferbedingungen im Außenhandel, Außenhandel Physica-Lehrbuch*. Heidelberg: Physica.

Coetzee, Juana. 2010. INCOTERMS as a form of standardisation in international sales law: An analysis of the interplay between mercantile custom and substantive sales law with specific reference to the passing of risk. Stellenbosch, Dissertation presented for the degree of Doctor of Law at the University of Stellenbosch.

Dwornig, Jan, Stefan Vonderbank, und Christoph Bernstorff, Hrsg. 2017. *Trainingshandbuch Incoterms 2010/Praxisfälle zur Fortbildung im Unternehmen*, 2., akt. u. erweit. Aufl. Köln: Bundesanzeiger.

Handelskammer Hamburg, Hrsg. 2019. *Konsular- und Mustervorschriften*. Bochum: Mendel.

Henseler, Roland Alexander. 2006. Die Entwicklung des Konnossementrechts im internationalen Seefrachtrecht bis hin zum Arbeitsentwurf der United Nations Commission on International Trade Law; Bremen, Diplomarbeit Zur Erlangung des Grades eines Diplom-Wirtschaftsingenieurs für Seeverkehr (FH) an der Hochschule Bremen Fachbereich

Nautik und Internationale Wirtschaft Studiengang Diplom-Wirtschaftsingenieur für Seeverkehr (FH).
ICC Germany e.V. 2019. *Incoterms 2020 : die Regeln der ICC zur Auslegung nationaler und internationaler Handelsklauseln*. Berlin: ICC Germany.
Kuhn, Hans, Werner Melis, und Kronke Herbert. 2016. *Handbuch Internationales Wirtschaftsrecht*. Köln: Dr. Otto Schmidt.
von Lorenzon, Filippo, David M. Sassoon, Yvonne Baatz, Lynne Skajaa, und C. Nicoll. 2012. *C.I.F. and F.O.B. Contracts*. London.
Rosentritt, Sebastian. 2019. *Die Gefahrtragung im europäischen und internationalen Kaufrecht: CISG, INCO-Terms, Vorschlag für ein Gemeinsames Europäisches Kaufrecht, Verbraucherrechterichtlinie und deutsches Recht in vergleichender Perspektive*. Tübingen: Mohr Siebeck.

# Stichwortverzeichnis

**A**
Akkreditiv 30, 55, 79, 84, 85, 87
All-Risk-Versicherung 69
Ausfuhr
  Aufgabe des Verkäufers 56
  Ausfuhr-/Einfuhrabfertigung 34
  C-Klauseln 65
  D-Klauseln 76
  EXW 43
  F-Klauseln 56
Ausfuhrformalitäten 56

**B**
Beförderungsmittel 3, 68
Begriffsschärfe 4
Benachrichtigung 35
  C-Klauseln 67
  D-Klauseln 78
  EXW 46
  F-Klauseln 59
Bestimmungshafen 10
BGB (Bürgerliches Gesetzbuch) 23
Bill of Lading 84

**C**
Cash
  against Documents (C/D) 84
  before Delivery (CBD) 82
  on Delivery (COD) 81
CFR (Cost and FReight) 61
CIF (Cost Insurance Freight) 61
CIP (Carriage Insurance Paid) 62
CISG 16
C-Klauseln 32, 60, 77
Clean Payment 81
Container 51, 55
  falsch deklarierter 14
CPT (Carriage Paid To) 62

**D**
DAP (Delivered At Place) 73
DDP (Delivered Duty Paid) 74
frei Haus 2
Documents against Acceptance 84
D- oder Ankunftsklausel 72
DPU (Delivered at Place Unloaded) 73

**E**
ECE 20. *Siehe auch* Economic Commsission for Europe
Economic Commsission for Europe (ECE) 20
Eigentumsübergang 16
Einfuhrformalitäten 33, 50, 61, 73, 74, 76
Einfuhrumsatzsteuer 3
EXW (Ex Works) 39
  ab Werk 2

**F**
FAS (Free Alongside Ship) 21, 38, 47, 49, 58, 90, 91
  benannter Verschiffungshafen 51
FCA (Free Carrier) 47
  Variante 1 47, 51
  Variante 2 48
Fédération Internationale des Ingénieurs-Conseils (FIDIC) 21
FIDIC 21. *Siehe auch* Fédération Internationale des Ingénieurs-Conseils
F-Klausel 47, 50
Flugzeug 17, 50
FOB (Free On Board) 8, 47, 49
  benannter Verschiffungshafen 52
Frachtführer 48
  erster 48, 50
frei Haus 2
Freiheit der 8

**G**
Gefahrenübergang 34
  C-Klauseln 63
  D-Klauseln 75
  EXW 41
  F-Klauseln 52
Gefahr, schiffstypische 68
Genehmigung 46, 76, 77

**H**
Handelsklausel 2, 4, 10, 15, 16, 19, 25, 31
  Geschichte der 7
Hauptlauf 10, 39, 47, 51, 66, 84

**I**
ICC (International Chamber of Commerce) 26
Incoterms® 2, 20, 23, 25
Incoterms® 2010 28
Incoterms® 2020 29, 30, 32, 37, 58, 72, 86
  CFR 61
  CIF 61
  CIP 62
  CPT 62
  DAP 73
  DDP 74
  DPU 73
  EXW 39
  FAS 47
  FCA 47
  FOB 47
  Liste 39
Informationspflicht 46
Institute Cargo Clauses 68
  Standard C 68
International Chamber of Commerce (ICC) 1, 15, 26

**K**
Kante, trockene 49
Kaufleute 7, 20
Kaufrecht 16
Kaufvertrag
  individuelle Vereinbarung 15
Konnossement 9, 29, 55, 65, 84
  An-Bord-Vermerk 55
  Bill of Lading 9, 55
Kostenverteilung 34, 58, 89, 91
  C-Klauseln 66
  D-Klauseln 77
  EXW 45
  F-Klauseln 58

# Stichwortverzeichnis

## L
Letter of Credit 85
Lieferklausel 19, 23, 76
Liefer-/Transportdokument
  C-Klauseln 65
  D-Klauseln 76
  EXW 42
  F-Klauseln 55
Lieferung
  Ort 31
  Zeitpunkt 31
Lieferung und Übernahme 33, 75
  C-Klauseln 62
  D-Klauseln 75
  EXW 40
  F-Klauseln 50
Logistik 4, 28, 38

## N
Nachlauf 10, 51
Norm 15, 16
  völkerrechtliche 20

## O
Obliegenheiten 2, 10, 25
Ort 32
  benannter 46
  der Übergabe 32

## P
Payment
  on Account 82
  Guarantee 82
Pflicht 32
  für Käufer 32
  für Verkäufer 32
Preisrisiko 14
Prüfung/Verpackung/Kennzeichnung
  C-Klauseln 66
  D-Klauseln 77
  EXW 44
  F-Klauseln 57

## R
RAFTD (Revised American Foreign Trade
  Definitions) 21, 22
Recht 7, 13, 15, 16, 20
  förmliches 23
Reling 8
Risiko 10, 13, 15, 22, 26, 39, 49, 61, 64, 73, 81, 82, 84
  faire Verteilung 15, 17
  Piraterie 68
  Streik 68
  Übergang 16, 17
Risikoübergang
  Zeitpunkt des 17

## S
Schaden 1, 10, 13, 14, 33, 69
Seefracht 2, 17, 24, 26, 47, 56, 70, 84
Seefrachtklausel 50, 65
Seehandel 7
Sicherheitsnachweis 57
Steuer 3, 17, 46, 67, 77, 78

## T
Transport 9, 17, 33, 50, 89
  C-Klauseln 63
  D-Klauseln 75
  EXW 42
  F-Klauseln 54
Transportkette 9, 25, 39, 89
Transportkosten 2, 8, 17, 22, 45, 75, 78
Transportversicherung 55, 66, 68, 71

## U
UCC (Uniform Commercial Code) 21
Übergabeklausel 47
Untergang 14
Unternehmenspolitik 4, 17, 38, 89

## V
Verantwortung 9, 10
Vereinbarung, individuelle 24

Verpackung 10, 33, 44, 57, 66, 69
Verpflichtung
   des Käufers 33
   des Verkäufers 33
Versicherung 8, 60, 62, 68, 69
   C-Klauseln 64
   D-Klauseln 76
   EXW 42
   F-Klauseln 55
Vertrag
   Incoterms® im 30
Vertragsgestaltung 23
Vertragspartner 14

**W**
Ware
   Warenprüfung 9

Warenprüfung 17, 33, 43, 44, 57, 66, 84
Warenwert 69

**Z**
Zahlungsmodalität 79
Zahlungsweise 79
Zahlungsziel 80, 82, 84
Zeitpunkt 16, 40, 41, 46, 51, 52, 58, 63, 67, 75, 77, 78, 85
   vereinbarter 75
Zeitraum 40, 41, 51, 59, 75
Zoll 43, 56
Zollformalität 43, 46, 58, 67, 76–78
Zollregel 80
Zollschuldner 3
Zwei-Punkte-Klausel 60

If you have any concerns about our products,
you can contact us on
**ProductSafety@springernature.com**

In case Publisher is established outside the EU,
the EU authorized representative is:
**Springer Nature Customer Service Center GmbH
Europaplatz 3, 69115 Heidelberg, Germany**

Printed by Libri Plureos GmbH
in Hamburg, Germany